인재집착경영

톱클래스 다국적기업들의
6가지 사람과 조직 관리 노하우

인재집착경영

한준기 지음

쏭북스

PROLOGUE

창고에서 시작한 그 회사가
세상을 지배하는 비결

　인사조직에 대한 강연이나 컨설팅을 하면서 만나게 되는 경영자들에게 많이 듣는 이야기가 있다.
　"이제 우리 회사도 어느 정도 커졌고, 성장 속도가 빨라지고 있어 제대로 된 인사 시스템과 비전 등을 갖추어야 할 때인 것 같습니다."
　중소기업이나 스타트업 CEO라면 누구나 한번쯤 하게 되는 고민일 것이다. 그러면서 마이크로소프트나 구글 등 굴지의 다국적기업들의 인사제도를 궁금해하면서 그들의 시스템을 부러워한다.
　회사의 인사 철학과 시스템은 언제부터 논할 수 있는 것일까? 〈포춘〉 톱 랭킹 기업들의 인사 시스템과 프로그램, 그리고 유니콘 기업의 기하급수적 성장 이야기는 정말 먼 나라의 이야기들일 뿐일까?

그들이 타협하지 않는 단 하나의 원칙

오늘날 4차 산업혁명의 최전선에 있다고 해도 과언이 아닌, 최고의 글로벌 기업 중 하나인 구글은 그 유명한 성과 관리제도 'OKR(Objectives and Key Results)'를 기업 초창기부터 적용하기 시작했다. 구성원들과 함께 조직의 큰 꿈과 도전을 만들어 내기 위한 중요한 도구로 활용한 것이다. 마이크로소프트의 창업주 빌 게이츠(Bill Gates)는 창립 초기부터 인재의 중요성에 대해선 타협을 하지 않았다.

한때 미국 전역을 정복했던 미국 최대의 서점이었던 반스앤노블의 최고 전성기 시절 아마존은 시애틀 교외의 작은 차고에서 온라인 서점을 오픈했다. 반스앤노블이 아마존을 보고 코웃음 치고 아무도 주목하지 않았을 때에도 아마존 설립자 제프 베이조스(Jeff Bezos)의 내면에는 지금 모든 기업이 배우려는 '아마존 리더십 원칙(Amazon leadership principles)'이 꿈틀대고 있었.

어쩌면 오늘이 그리고 지금 이 순간이 비즈니스 리더들이 그들 조직의 인사 철학과 시스템을 다시 세워야 할 바로 그때일지도 모른다.

그렇다면 이러한 글로벌 다국적기업들의 인사조직 관리를 어떻게 이해하고 도입하면 좋을까?

이 책은 이런 갈증을 조금이나마 해소해 주고자 하는 마음에서 기획되었다. 외국계기업들의 사례를 중심으로 비교적 읽기 쉽고, 어떤 조직에도 바로 적용할 수 있는 인사조직 관리 이야기 중심으로 이 책을 집필했다.

기업에는 어떤 문제가 터졌을 때야 비로소 인사부를 찾는 리더들로 넘쳐 난다. 수많은 경영진과 리더들은 인사에 대해서 늘 고민과 궁금증을 안고 있으면서도 이슈가 있을 때마다 통찰력을 발휘하고 해답을 얻는 데에는 큰 어려움을 겪고 있다. 이것이 현실이다. 대대적인 컨설팅을 시작하고, 자문을 구해 보기도 하고, 혼자 공부도 하지만 분주한 현장 리더들의 눈높이에 맞추어 답을 줄 수 있는 자료는 생각만큼 많지 않다.

이 책 『인재집착경영』은 모두 6개의 장으로 구성이 되었다. 간단히 설명하자면 한 구성원이 조직에 입사해서 퇴사할 때까지 직장 내 '고용 생애 사이클(Employment life cycle)'에 따라 일어날 수 있는 거의 모든 일들을 어떻게 관리해야 하는지를 리더의 관점에서 풀었다. 각 장과 꼭지의 내용들은 내가 20여 년 이상 최고 수준의 여러 다국적기업에서 경험했던 프로젝트나 사건 사고 등을 모티브로 삼아 개선을 위한 방향이나 행동 등을 제안하는 형식으로 구성했다.

먼저 1장에서는 인사부의 철학과 역할에 대해서 기술했다. 2장은 인재 선발에 관한 내용이다. 3장에서는 평가와 보상에 대한 주제를 다루고 있다. 4장은 조직 내에서 충분히 겪을 수 있는 문제와 갈등 해결에 대한 제언이다. 5장에서는 다시 인재라는 주제로 돌아와 어떻게 더 훌륭한 인재를 확보하고 양성하고 관리하는지에 대해 풀어보았다. 마지막 장인 6장에서는 인재 확보 못지않게 중요하지만 가장 소홀히 여겨지는 구성원과의 이별에 대해서 이례적으로 써보았다. 끝으로 부록에서는 현장 리더들이 실제 궁금해하는 실전 사례를 Q&A 형식으로 정리했다.

이 책을 1장부터 읽을 수 있다면 제일 좋을 것이다. 먼저 인사의 철학이나 존재의 이유를 이해할 수 있으니 말이다. 그러나 각 장과 소 목차를 보고 독자 본인이 호기심이 가거나 아니면 현재 당면하고 있는 주제부터 찾아 읽기 시작하는 것도 좋은 방법이 될 것이라 생각한다.

어느 날 갑자기 예고 없이 찾아온 코로나 팬데믹은 그야말로 우리 삶의 모든 부분을 바꿔놓았다. 인사와 조직 관리 역시 여러 변화의 태풍 한가운데에 있다. 일하는 장소도, 형태도, 채용의 방식까지 변할 수밖에 없었다. 노동시장의 구조나 기업의 문화도 필연적으로 바뀔 수밖에 없다.

다국적기업은 이미 오래전에 유연한 구조의 노동시장에서 인력을 공급받았다. 정보통신 네트워크를 활용한 재택근무가 일상화되어 있었고, 직원 경험을 중시하는 구성원 중심의 문화가 우리보다 일찍이 시작되었다. 이런 측면에서 포스트 코로나 시대를 맞이하는 우리들이 톱클래스 다국적기업들의 사람과 조직 관리 노하우를 살펴보는 것은 충분히 의미 있는 일이라고 생각한다.

　이 책은 국내 중소기업, 스타트업, 중견기업 경영자나 관리자를 염두에 두고 집필했다. 물론 인사부 리더와 대기업이나 다국적기업 경영자도 필독할 가치가 있을 것이다. 당연히 호기심 많고 열정 있는 구성원들이 읽어봐도 좋을 것이다. 독자들이 어떤 유형의 조직-예컨대 다국적기업이든, 국내 대기업이든, 중소기업이든-에 속하였든 이 책은 인사조직 관리에 대한 여러 가지 힌트를 줄 수 있다.

　개인적으로는 되도록 많은 국내 중소기업과 중견기업의 경영자와 관리자들 및 스타트업 경영자와 리더들이 읽고 조직에 대한 인사이트를 얻기 바란다. 부디 이 책의 어느 작은 한 부분이 당신과 당신 기업을 한 단계 더 업그레이드하는 데 도움이 되기를, 그리하여 조직에 '긍정적 충격'을 줄 수 있기를 감히 소망해 본다.

2022년 가을을 기다리면서.
한준기

CONTENTS

PROLOGUE
창고에서 시작한 그 회사가 세상을 지배하는 비결 — **004**

1장
평범해 보인 그 회사는 어떻게 유니콘이 되었을까?

'인사가 만사'라면서 결정적 순간에 타협하는 그들 — **015**
뽑고, 월급 주고, 내보내는 그 이상이 되려면 — **021**
재빨리 움직여 기존 질서를 무너뜨린다 — **026**
—'페이팔 마피아'에게 배우는 일하는 방식
외국계기업의 베스트 프랙티스가 통하지 않는 이유 — **032**
당신이 결정권자라면 누구를 앉힐 것인가? — **037**
회사라는 조직 밖으로 나가라 — **043**

2장
'진짜 인재'를 알아보는 회사의 안목

톱티어 기업은 어떤 기준으로 사람을 뽑을까? — **053**
잡 인터뷰의 일곱 가지 비밀 — **059**
'가장 적합한 인재'를 뽑는 4단계 인재 확보 로드맵 — **065**
평판 조회를 그대로 믿은 자의 최후 — **072**
"어세스먼트 센터를 아십니까?" — **077**
헤드헌터들과의 만남에서 내가 깨달은 것들 — **082**

3장
성과 관리는 프로세스다
— 미래 지향 성장을 위한 성과 관리 시스템

마이크로소프트, '왕의 귀환' 비결	091
다수의 관리자들이 애써 외면하고 있는 것	097
보상 제도에 숨어있는 인간의 심리	103
리더가 성과 관리와 보상 정책에 둔감해질 때	108
리더가 꼭 해결해야 하는 세 가지 난제	113

4장
명분과 실리를 함께 챙기는 문제 해결 의사결정의 법칙

어깨에 힘주고 형님 노릇 하려는 리더들에게	123
매트릭스 조직과 전통 조직, 그 중간 어디쯤	129
모든 구성원들은 네 가지 타입이다	136
인사 명령을 정하기 전 체크해야 할 것들	142
그들은 왜 퇴사한 내게 SOS를 보냈을까?	148
인력과 조직의 건전성 척도, HR 스코어 카드	153

5장
톱티어 기업들의 인재 육성 전략 비밀 노트

인재에 대한 집요한 집착, 탤런트 리뷰	161
심플한 인재 육성 전략, 그런데 파워풀하다	166
헤드헌터가 된 CEO	172
구성원의 커리어와 향후 진로까지 챙기는 조직이라면	177
포스트 코로나 시대의 회복탄력성	183

정보와 사람에게 잘 접속하는 리더들의 노웨어 매니지먼트 189

외국계기업으로의 성공적인 이직을 꿈꾼다면 195

6장 일류를 지향하는 조직이 꼭 알아야 할 이별의 정석

커피 한 잔, 도넛 한 개에 박탈당한 커리어 203

해고의 칼날을 휘두르기 전에 생각해 봐야 할 것들 209

해고 통보에도 지켜야 할 품격이 있다 214

직원은 잘 모르고 회사는 말 못 하는 해고의 메커니즘 219

히딩크와 박지성에게 배우는 '퇴직 커뮤니케이션' 224

퇴직 전, 퇴직 진행 중 그리고 퇴직 후 229

EPILOGUE

지금은 '인재에 집착할 시간'이다 234

부록

이럴 땐 어떻게? HR 16가지 베스트 Q&A 239

HR 건강지수 체크리스트 262

이 책을 먼저 읽은 대한민국 오피니언 리더들의 한마디 268

1장

TALENT OBSESSION

평범해 보인 그 회사는 어떻게
유니콘이 되었을까?

'인사가 만사'라면서
결정적 순간에 타협하는 그들

한 다국적기업의 인사부장으로 근무할 때의 일이다.

한때는 '넘사벽'으로 불리던 회사였는데, 어디서부터 잘못됐는지 영업실적이 현저하게 쪼그라들기 시작했고, 급기야 대표이사가 경질되었다. 뒤이어 업계의 레전드로 불리는 사람이 최고경영자로 부임했다. 대대적인 임원 경질이 임박했다는 소문이 무성했다. 임원, 팀장 할 것 없이 임직원 대부분들은 집중력과 열정을 잃은 채 자신의 밥그릇을 챙기는 데 주력하는 모습이었다.

위로부터 특별한 지시는 없었지만 나는 독자적으로 비밀 프로젝트를 진행했다. 한 달 이상 회사의 젊은 탤런트 30여 명을 인터뷰한 '문제의 리포트를 작성한 것'. 현 사태에 대한 생각, 임원들의 리더십 이슈, 회사의 미래 예측 등에 대한 젊은 인재들의 적나라하고 가감 없는 목소리를 담은 리포트는 말 그대로 회사 전체를 발칵 뒤집어버렸다.

대표이사는 물론 글로벌 본사에 바로 보고되었는데, 신임 대표이사는 즉시 모든 임원들과 주요 팀장들을 소집하여 조직의 대대적인 개편에 시동을 걸었다.

의도한 것은 아니었지만, 결과적으로 이 리포트는 회사의 변화 혁신을 위한 방아쇠가 되었다. 조직 관리 프로그램의 방향을 설정하는 데 중요하고도 유용한 참고 자료로 활용되었음은 물론이다.

예상치도 않았는데 얼떨결에 칭찬도 꽤 많이 받게 되었다. 가끔 그런 생각을 해본다. 만일 전통적인 국내 기업이었다면 총괄 임원도 아닌 평범한 인사부장의 '독단적인 반란'이 긍정의 청신호로 수용될 수 있었을까?

물론 이 사건은 '인사'와 '조직 문화'라는 주제를 모두 내포하고 있다. 중요한 것은 '인사가 비즈니스의 중심에 있고, 그래야만 한다'라는 확고한 철학이 있었기에 한 인사부장의 비밀 리포트가 대대적 혁신의 출발점이 될 수 있었던 것이다.

현장의 객관적 목소리를 담고 있고, 논리가 있고, 통찰력(Insight)만 갖추고 있다면, 누가 작성했건 정식 보고 절차를 거치지 않았건 큰 문제가 되지 않는다는 것이다.

이 리포트는 그 이후에도 임원들이 입사할 때 조직 이해를 위한 자료로 공유되기도 했다. 나에게는 '인생 리포트'가 되어버린 셈이다.

HR이 전체 조직의 성패를 가른다는 생각

가끔 이런 생각을 한다. '만일 첫 직장을 숙명이라 받아들여 국내 기업에서 그저 성실하게 직무를 수행했다면, 현재처럼 다양한 커리어 강점을 가진 인사 전문가로 자리잡을 수 있었을까?'

다양한 다국적기업에서 열정적으로 도전하면서 치열하게 20년 이상의 커리어를 만들어오면서 나는 무엇보다 'HR이 중요하다'라는 이야기를 귀에 딱지가 앉을 정도로 들었다. 그리고 숱한 다국적기업의 최고경영자 및 최고위급 임원들과의 만남에서 이런 철학이 결코 형식적인 '립 서비스'가 아니라는 것을 경험했다.

조직의 큰 변화에 직면했을 때 그들은 인사부 수장(首長)을 가장 먼저 선발하려고 한다. 무엇보다도 '이 정도면 괜찮겠지'라는 수준에서 선발하는 것이 아니라 절대적인 기준을 두고 타협하지 않는다. 심지어는 1, 2년 안에 적임자가 나타나지 않더라도 자신들의 눈에 맞는 최고의 적임자를 선발할 때까지 인내하면서 기다린다. 당연히 그에 상당한 대우도 해준다.

이 모든 것은 바로 HR이 전체 조직의 성패를 가를 수 있다는 철학이 있기에 가능한 일이다.

과장, 차장급 정도의 평범한 인사 담당 직원을 선발할 때도 아시아 본부나 글로벌 본사의 고위급 임원이 직접 개입하는 것은 흔한 일이다. 비대면 인터뷰가 보편화되지 않았던 시절에는 인사부 채용에 직접 관여하기 위해 일부러 해외 출장 일정을 만들어 한국을 방문하는 경우도 왕왕 목격할 수 있었다.

인사부장(팀장) 한 명을 선발하면서 전 세계 인사를 총괄하는 최고위급 임원(Senior Executive Vice President)과의 이른 아침 호텔 커피숍에서의 대면 인터뷰를 포함해 무려 9차 인터뷰까지 진행한 회사도 있었다.

의사결정에 가장 중요한 열쇠를 쥐고 있던 어떤 지사장은 장장 4시간을 투자해 인터뷰를 하기도 했고, 전화 인터뷰를 한 후 후보자가 너무 마음에 든다며 내가 있는 해외까지 직접 비행기를 타고 날아온 글로벌 인사총괄 임원도 있었다.

한마디로 그들은 말로 표현하기보다 열정적인 행동으로 HR이 중요하다는 것을 일관성 있게 보여주었다.

반면 같은 배경과 동일한 상황임에도 처음의 진지한 다짐과 달리 의아스럽게 용두사미(龍頭蛇尾)로 마무리되는 국내 기업의 사례는 다반사로 쉽게 찾아볼 수 있다. 위기와 변화의 상황을 헤쳐나가는 데 인사가 중요하다고 강조를 하면서도 최적임자를 선발하는 결론 부분에 있어서는 그냥 타협해서 빨리 마무리하는 국내 기업의 사례를 헤아릴 수 없이 많이 경험해 보았다.

예를 들자면 어느 날 헤드헌터로부터 상당히 심각하고도 진지한 전화 한 통이 걸려온다. 수화기 너머 "우리 클라이언트가 지금 너무도 중요한 조직의 변화에 직면하고 있어서 검증된 톱클래스의 다국적기업에서 글로벌 인사 시스템 설계나 인수합병 내지는 변화 관리를 주도했던 경험이 있는 베테랑 인사 전문가를 찾고 있습니다"라는 이야기가 들려온다.

그러나 거의 모든 회사가 결국은 '없었던 일'로 끝냈다. 클라이언트가 차-부장급 인사팀장이면 충분할 것 같아서 '채용이 완료되었다'라는 피드백과 함께.

이런 전화를 지난 몇 년 사이에만 거의 열 번 가까이는 받은 것 같다. 각기 다른 회사에서 말이다.

어느 다국적기업에서 첫 인사총괄 임원으로 발탁되었을 때의 일이다. 당시 그 기업의 대표가 한국 지시장으로 부임할 때, 회사는 3년간 적자를 면하지 못했다. 신임 사장에게는 무언가 전략적인 돌파구가 필요했다.

그는 의외의 모험을 선택했다. 작은 규모의 지사였음에도 창립 이래 처음으로 독립적인 인사부를 설립하는 '전략적' 의사결정을 내렸다.

인터뷰할 때 나에게 진지하게 했던 말이 아직도 기억이 난다.

"우리 회사는 정말 중요한(Critical) 시기에 놓여있다. 그냥 열심히 일한다고 이 위기를 극복할 수 없기에 정말 중요한(Critical) 포지션인 인사총괄 임원이 필요하다."

나 역시 열심히 일하는 그 이상을 해냈다. 그의 모험은 해피엔딩으로 마무리되었다.

한국 사회는 오래전부터 '인사(人事)가 만사(萬事)다'라는 말을 즐겨 했다. 이 짧은 한 문장은 참으로 중요한 여러 메시지를 함축적으로 내포하고 있다.

그러나 생각만큼 의식적으로 진지하게 이 말의 철학을 실천하기보다는 타협하고 있는 것은 아닌지 모르겠다. 스토리와 팩트를 둘러싼 서로 다른 조직 문화의 스타일이나 맥락적인 상황은 잠시 접어 두더라도 경영자들은 그들 의지와 상관없이 '인사가 만사'라는 사실을 절대 간과할 수 없는 세상에 살고 있다.

팬데믹 시대와 포스트 코로나 시대는 앞서 언급한 '중요한(Critical)' 시기와는 비교 자체가 되지 않을 만큼 '중요한 시기'가 될 것이다. 이견의 여지가 없다.

HR의 역할이 다시 한번 절대적으로 요구될 것이다. 인사라는 필드의 숨은 지휘자가 필요한 순간이 이미 도래했다.

뽑고, 월급 주고, 내보내는
그 이상이 되려면

김 차장은 국내 대기업에서 10년 이상 흠 없는 경력과 함께 기대를 받으며 외국계기업으로 이직한 인사 담당 매니저였다.

새로 이직한 회사는 바람직한 경영철학과 비교적 훌륭한 인사 시스템을 갖춘 것으로 평가받는 명실공히 일류 기업이었다. 그런데 이직한 지 한 달 정도 시간이 지나자 그는 확연히 열정이 줄어든 모습을 보이더니, 3개월도 되지 않아서 그토록 원했던 세계적인 다국적기업을 스스로 떠나고 말았다.

퇴사 이유를 물었더니 새로운 프로그램을 기획해서 인사총괄 임원에게 그리고 대표이사에게 보고를 하는 과정에서 한 번에 결재 승인을 받아내지 못하는 것이 가장 힘들었다고 했다. 더불어 매니저로서 수시로 팔을 걷어붙이고 전천후로 현장을 누비며 큰 그림과 디테일 모두를 놓치지 않아야 한다는 중압감을 견뎌내야 하는 현실이 만만치 않았다고 토로했다.

심심치 않게 목격되는 사례들이다. 논쟁의 여지는 있겠지만, 다국적기업에서 인력을 충원할 때면 같은 값이면 국내 대기업 출신 후보자를 선호하는 경향이 있다. 큰 조직에서 훈련을 받아 조직의 생리를 잘 이해한다는 것, 적어도 일정 수준 이상의 직무 기본기는 분명히 갖추었을 것이라는 기대 때문이다.

그 회사는 무엇이 다를까?

그러나 이런 사람들도 막상 다국적기업의 현지 지사 인사 업무에서는 의외로 고전을 한다. 달리 표현하자면 이들이 전략적 주도권을 제대로 선점하지 못하는 경향이 있다고도 할 수 있다.

대기업을 포함한 국내 기업들은 전반적으로 조직 전체의 인사 전략이나 비즈니스 플랜이 인사부의 주도로 이루어지지 않는 경향이 있다. 오너나 대표이사의 톱다운 지시에 의해 방향이 정해지는 경우가 많기 때문이다.

그러다 보니 새로운 프로그램을 기획, 설계하고 최종 의사 결정권자인 CEO의 승인을 받고, 가장 중요하게 구성원 눈높이에서 커뮤니케이션하는 과정에서 어려움을 겪을 수 있다.

다국적기업의 인사 시스템에는 어떤 차이가 있을까? 한마디로 인사부의 본질적 존재 이유에 대해서 끊임없이 토론하고 스스로의 정체성(Identity)을 정립하는 데 상당히 의식적인 노력을 기울인다는 것이다.

그리고 이런 노력과 고민은 철저하게 인사부 주도적으로 진행하면서 언제나 비즈니스에 그 뿌리를 두고 있다는 것이다.

늘 회사의 비전이나 핵심 가치, 그해의 비즈니스 전략이나 세부 목표의 연장선에서 HR이 어떤 프로그램이나 제도 및 시스템을 어떻게 운영해야 긍정적인 영향과 도움을 줄 것인지를 고심하고 만들어 간다. 인사 관련 부서가 일상적인 업무를 처리해 주는 관리 부서나 지원 부서라 생각하지 않고, 경영 환경이나 시대 상황에 따라 역할을 재정의하고 그에 따른 해결 과제를 기획, 실행하려고 접근한다.

그래서 다국적기업의 최고경영자들은 대체적으로 HR을 동전의 양면과도 같이 비즈니스 파트너 내지는 독립적이고 주도적으로 비즈니스의 성공을 조력하는 본부로 인식한다. 그리고 그런 역할을 해주기를 공공연히 강조한다.

때문에 HR에서 어떤 프로그램을 보고하면 바로 OK 사인을 해주지 않고 그 프로그램의 긍정적인 면에 대해 확신이 들 때까지 꼬리에 꼬리를 무는 상당히 날카로운 질문을 던지곤 한다.

"모든 팀장들을 하루 동안 업무 현장에서 불러내어 이 워크숍에 참여시킬 만한 가치가 있을까요?" "이 복리후생 프로그램을 도입한다면 우리에게 득이 되는 것이 무엇인가요?" "새로운 직급 체계 도입 시 현장에서 예상되는 반발은 무엇이 있을까요?"

상시적으로 나오는 이러한 질문에 명확한 논리를 갖고 답하지 못하면 그 프로그램은 거부되거나 보류될 가능성이 매우 높다.

이렇게 하는 것만이 바람직하고, 그렇지 않을 경우 다 잘못된 것이라고 단순한 평가를 할 수는 없다. 하지만 대개의 경우 다국적기업의 인사 시스템이라고 하면 전략, 의사결정, 주도권, 커뮤니케이션, 비즈니스 파트너 같은 키워드가 쉽게 떠오른다. 반면 국내 기업의 인사 시스템을 생각하면, 운영, 컨트롤타워, 노사 관리, 수명(受命)과 실행 등이 키워드로 다가온다.

국내 기업은 해외 톱클래스 기업의 인사제도나 트렌드에 상당히 신경을 쓴다. 다국적기업 역시 회사 조직을 둘러싼 시시각각 변하는 경영 환경의 지형을 끊임없이 관찰한다. 하지만 단편적인 유행이나 타 회사의 성공 사례에 민감하게 반응하지는 않는다.

물론 나의 경험과 연구가 모든 주장을 객관화할 수는 없을 것이라는 점은 다시 한번 전제한다. 다국적기업에도 지속적인 개선의 여지가 여전히 있고, 동시에 그들 역시 긍정적인 아이덴티티를 견고히 해야 함은 물론이다.

하지만 지금이야말로 국내 기업은 HR의 분명한 정체성을 찾아야 할 때라고 생각한다. 효율적으로 관리하고 컨트롤타워 역할을 하는 것은 결코 나쁜 모습이 아니다. 그런데 이제는 새로운 무언가가 절실히 필요한 순간이다.

오래전에 근무했던 회사의 한 외국인 CEO가 HR 워크숍에 찾아와 오프닝에서 했던 말이다.

"한국 기업의 인사팀이 일하는 것을 보면 안타까울 때가 많다. 그냥 필요하면 사람 뽑고(Hire people), 때가 되면 월급 주고(Pay for people), 내보낼 사람 있으면 해고하는 것(Fire people) 말고는 인상적인 것이 없다".

오래전 들었던 말이지만 사실 그 후로도 획기적인 변화는 별로 없는 것 같다. 4차 산업혁명과 함께 온 디지털 트랜스포메이션, 코로나바이러스로 인한 팬데믹 시대와 곧 다가올 포스트 코로나 시대. 문자 그대로 HR 비즈니스의 지형이 바뀐 정도가 아니라 천지개벽의 수준이다.

"HR이 가치를 창출하지 못하고 결과를 만들어내지 못한다면 기업은 HR 조직의 문을 닫아야 한다. 그러나 HR이 그 값을 해준다면 우리는 그들과 계속 함께해야 한다".

세계적인 HR 연구학자 데이브 울리치(Dave Ulrich) 교수의 말이다. 뜬구름을 잡거나 무대 뒤에서 그저 묵묵히 열심히 하는 것은 지금까지의 모습만으로도 이미 충분하다. 이제는 쇄신을 고민해야 할 때다.

재빨리 움직여 기존 질서를 무너뜨린다
— '페이팔 마피아'에게 배우는 일하는 방식

한 스타트업의 대표를 만났다. 시리즈 B까지 투자를 받아 이제는 다음 단계의 도약을 꿈꾸며 준비하는 젊은 CEO였다.

스타트업 기업들의 도전 전진기지라 불리는 테헤란밸리 이면 도로에 있는 최고경영자의 아담한 사무실. 한켠에 놓여있는 야전 침대. 집에 들어가지 못한 지 열흘이 넘어 가족들에게 미안하다는 그의 이야기는 스타트업의 치열한 전쟁을 단적으로 보여준다.

갑자기 커져 버린 조직, 생각처럼 돌아가지 않는 조직 운영은 그에게 불면의 밤을 선사한다. 이전보다 스타트업 기업이나 규모가 작은 기업의 경영자들을 만날 기회가 많아진다. 워크숍이며 특강, CEO 코칭, 카운셀링 등에서 접하는 이들의 최대 관심사는 당연히 '어떻게 해야 견고한 성장을 이룰 것인가'이다. 유니콘 기업을 꿈꾸며 그들을 벤치마킹하기도 한다.

유니콘 기업. 설립 10년 이하의 기업 가치 10억 달러($1 Billion, 약 1조 원) 이상의 비상장 스타트업을 의미한다. 중소벤처기업부에 따르면 2017년 3개사에서 2021년 18개사로 6배 증가했다.

갑자기 커져 버린 규모, 생각처럼 돌아가지 않는 조직 운영

이들의 성장은 정말 기하급수적이다. 그런데 한국 시장에 참으로 아이러니한 현상이 있다. 어느 정도 외형적 성장의 가속도가 붙은 스타트업 기업은 대부분 대기업의 조직 형태와 운영방식에 관심을 갖게 된다는 것이다. 반면에 대기업이나 중견기업은 스타트업에 시선을 돌리는 경향이 있다.

양자 모두 결론은 대부분 뜻대로 되지 않는다. 서로 잘못된 부분을 카피해 가기 때문이다.

언제부터인가 국내 대기업을 중심으로 스타트업, 그중에도 유니콘 기업, 특히 실리콘밸리를 중심으로 한 글로벌 유니콘 기업의 일하는 방식을 배우자는 목소리가 커지고 있다. 나 역시 단순한 외적 성장을 넘어, 변화와 혁신의 성공, 기하급수적 성공의 비밀을 이해하는 데 있어 실리콘밸리의 살아있는 전설이 된 '페이팔 마피아(PayPal Mafia)'는 주목해 볼 필요가 있다고 생각한다.

페이팔 마피아는 전자결제 시스템 회사인 '페이팔' 출신들이 미국 실리콘밸리를 움직이는 파워 그룹으로 부상하면서 붙여진 이름이다. 2003년 페이팔을 세계 최대 전자상거래업체인 이베이에 매각한 자금을 밑천으로 많은 이들이 스타트업을 창업하거나 투자하는 데 뛰어들었고 눈부신 성공을 일구었다. 대부분 스탠퍼드대학교나 일리노이대학교 어바나-샴페인 캠퍼스 출신들로 피터 틸(Peter Thiel), 일론 머스크(Elon Musk), 리드 호프만(Reid Hoffman), 스티브 첸(Steve Chen) 등 그 이름만으로도 중량감을 주는 기업가들이 전면에 있다.

이들 외에도 대략 220여 명의 멤버들이 '원조 페이팔'의 벤처 정신을 전파하며 수많은 스타트업들의 롤 모델이 되고 있다. 테슬라, 유튜브, 링크드인, 페이스북, 스페이스 X 등 다수의 '유니콘' 기업들이 이들의 손을 거쳐 탄생했다. 이들의 기술력과 비즈니스에 대한 통찰력은 결과로 검증되었다.

그러나 무엇보다도 조직을 운영하는 일하는 방식에서 우리에게 교훈을 준다. 페이팔 문화는 '재빨리 움직여 기존의 질서를 무너뜨린다(Move fast and break things)'라는 철학에 뿌리를 내리고 있다. 그래서 이들은 기민하다. 단순하게 빠른 그 이상이다. 방향을 잘 잡고 시장에 민감하게 반응한다.

국내에서도 열풍이 부는 '애자일(Agile) 조직'의 대표적 사례라고 볼 수 있다. 이 기민함이 빛을 발하는 것은 실험정신과 실패를 포용하는 기업 문화가 뒷받침이 되기 때문이다. 이들은 열린 사고로 의견을 자유롭게 개진하고 공유하는 토론 문화를 자랑한다.

내가 개인적으로 '참 합리적인 기업 문화를 갖추었다'라고 자랑스럽게 생각하고 애정을 갖고 근무했던 페이팔의 모기업 이베이를 숨 막힐 정도로 관료적이라고 꼬집는 그들의 당돌함에 신선함마저도 느낀다.

이들은 사내외에서 네트워킹을 통해 유연하게 일한다. 네트워킹이 잘 되는 개인과 조직이 성과도 좋고 심리적 만족도 또한 높다는 것은 입증된 정설이다. 이들은 실제로 이를 구현하고 있다.

협업을 잘하니 고정적이고 경직된 조직 구조를 지양하고, 최대한 프로젝트 중심으로 조직을 설계한다. 한번 성과를 냈다고 해서 그 조직을 정착시켜 의지하기보다는 해산과 재조합을 통해 다른 팀의 멤버로 일하는 경험을 자연스럽게 되풀이한다.

외부 인력에 대해서도 마찬가지다. 당연히 훌륭한 인재 영입에 적극적이지만, 덥석 뽑는 것보다는 검증된 전문가들을 그들 네트워크 전반에 포진한 후, 적절히 활용하는 것도 중요하게 생각한다. 인적 네트워크를 통해 직원을 채용하고, 지속적으로 '좋은 친구'가 될 만한 사람들과의 인연을 유지하는 것을 잊지 않는다.

글로벌 유니콘 기업의 기하급수적 성장의 이면에는 모방이 쉽지 않은 그들만의 색깔 있는 문화가 자리하고 있다는 것만은 분명하다.

이는 국내 기업에도 정확히 적용된다. 스타트업의 경영자나 전문가들의 의견을 들어보면 그들의 성공에는 몇 가지 요인이 있다고 말한다.

뛰어난 비즈니스 모델과 자본력은 너무 당연한 것이다. 의외로 운과 타이밍에 대한 이야기도 많이 한다.

팀과 문화에 대한 이야기도 빠질 수 없다. 결국 사람과 조직에 대한 부분인 만큼 조직 역량, 팀워크, 조직의 순발력, 기업 문화 등 여러 각도에서 조명해 볼 수 있다.

실패 요인이 성공 요인과 중복되는 부분도 꽤 있다. 앞서 말한 타이밍, 조직 역량과 팀(사람과 조직)에 더해 실행력 등이 거론될 수 있다.

스타트업에만 국한되지는 않는다. 어떤 기업에게도 적용될 수 있는 요인이다.

마이크로소프트는 나에게 친정 같은 곳이다. 한때 비즈니스에서 고전을 면치 못하다가 몇 해 전부터 멋지게 부활하면서 과거의 영광을 재현하고 있다. 그 중심에는 2014년 CEO로 부임한 흙수저 출신 사티아 나델라(Satya Narayana Nadella)가 있다.

비즈니스적으로 PC 시대의 종말을 확신하고 클라우드 서버 중심의 사업 모델을 재구축한 통찰력 있는 전략이 주효했을 것이다. 그러나 조직적으로는 문화에 대한 대대적인 변화의 드라이브가 없었다면 이 전략은 효과를 보지 못했을 것이다.

작은 벤처기업으로 시작해 지금은 전 세계 비즈니스를 리드하고 미래 시장까지 선점하고 있는 구글, 아마존, 넷플릭스 같은 기업들 역시 자신들의 문화에 미친 사람들이다.

기하급수적인 성장을 일구어냈던 이들이 사람을 뽑을 때면 미련하다 싶을 정도로 절대 타협하지 않는 부분이 있다. 그들이 지향하는 문화와 궁합이 맞는지를 확인한다는 것이다.

국내 기업과는 달리, 오래전부터 다국적기업들은 조직 문화, 조직 개발, 커뮤니케이션, 변화 관리팀을 만들어 이 영역에 집중했고, 최근에는 최고 문화 책임자(Chief Culture Officer)라는 직책까지 만들어내 문화를 창조하고 확산하는 데 박차를 가하고 있다.

색깔 있는 문화가 대마불사의 교만에 빠져 있던 전통의 공룡들을 무너뜨리고 있는 것이다. 컨트롤타워 역할보다 건강한 문화 창조를 리드하는 인사부가 절실할 때다.

외국계기업의 베스트 프랙티스가
통하지 않는 이유

코로나 바이러스의 공세가 잠시 주춤했던 지난해, 한 중견기업을 방문해 조찬 특강을 진행했다. 4차 산업혁명 시대에 이미 진입한 경영 환경에 팬데믹까지 겹쳐 많은 기업들이 '이대로는 안된다'라는 위기의식 속에 '어떻게 일할 것인가?'라는 주제가 단연 시장의 화두였다. 그 기업의 CEO는 글로벌 기업들의 조직 문화, 특히 실리콘밸리의 유니콘 기업들을 '콕' 찍어서 그들의 '애자일 조직' 사례를 중심으로 한 특강을 주문했다.

특강과 Q&A 진행 후 구성원들로부터 받은 익명의 피드백 몇 건은 매우 혼란스러웠다. 대표이사와 임원들의 만족스러웠던 표정과 피드백 내용과는 너무 대조적이었기 때문이었다.

"우리 사장님과 경영진의 마인드 자체에 변화가 없다면, 이런 형태의 프로그램은 정말 무의미하다"라는 쓴소리가 오히려 기억에 남았다.

'민첩하고 혁신적인 조직으로 변신하고 싶다'고 말하지만

국내 기업들의 글로벌 기업의 인사조직 비즈니스 모델이나 사례에 대한 벤치마킹은 어제오늘 일이 아니다. 다수의 기업들은 조직의 변화, 특히 새로운 기업문화 형성을 구축할 때 보통 외부로 눈을 돌리며 무언가 새로운 프로그램 도입이나 프로젝트를 주문하곤 한다.

김빠지는 소리처럼 들리겠지만 이런 접근은 거의 커다란 금전적 시간적 낭비로 끝나곤 한다.

아직까지 우리 기업들은 민첩하고 혁신적인 조직으로 변신하기에는 상당히 버거운 태생적인 한계를 지니고 있기 때문이다. 이전보다 나아졌다고 하지만 수직적인 위계 조직과 보고 체제가 남아있는 한 유연성이 떨어질 수밖에 없다. 보수적인 기업문화가 여전히 지배적이다. 선진 사례의 씨앗을 들여와도 현재 토양에서 건강하게 뿌리를 내릴지는 미지수다.

가장 큰 변수는 최고경영자를 포함한 임원들의 외적 메시지가 아닌, 내재된 철학과 행동이다. 애자일 조직을 외치면서 가장 일찍 출근하고 가장 밤늦게 사무실을 떠나는 직원들을 최고로 인정하는 오랜 관성의 지배가 여전하다. 그렇다면 어떻게 해야 할까?

　벤치마킹이 효과를 보려면 무엇보다도 리더를 중심으로 조직의 체질 변화가 선행되어야 한다. 선진 기업의 '베스트 프랙티스' 벤치마킹에 앞서 잘못된 제도나 관행의 제거가 전제되어야 한다.

　무엇이 조직의 발목을 잡고 있는지를 냉철히 숙고해야 한다. 그리고 무조건 그것을 폐기해야 한다.

　몇 해 전 전체적으로 신체리듬이 무너져 건강에 적신호가 온 적이 있었다. 젊은 시절에는 과음과 과식을 해도 보양식과 영양제를 먹고 격렬히 운동하며 땀 흘리면 다 해결되었는데, 이 처방이 더이상 통하지 않았다. 완전히 다른 방식으로 접근해 보았다.

　남들이 좋다는 음식을 찾기 전 내 체질을 정확히 진단해 본 후, 먼저 체질과 맞지 않는 음식을 완전히 금식하며 6개월 이상 수도승 같은 생활을 했다. 그러자 몸의 독소가 다 빠져나갔고 과체중도 해결되었다.

　그때부터 내 몸에 맞는 음식을 섭취하기 시작했다. 신체리듬과 건강 지표가 정상적으로 회복됨을 확인할 수 있었다.

　조직으로 말하자면 전체적인 조직 진단을 제대로 해 봐야 한다.

　다음은 철학과 방법론이다. 처음부터 끝까지 CEO의 지시만으로 이루어지는 추진 전략은 역동성을 떨어뜨린다. 긴장감은 조성할 수 있지만 경직성 또한 무시하지 못해 결과적으로 효력은 저하될 것이다. 어떻게 하면 자발적 참여를 유도할지 구체적인 실행법을 고민해야 한다.

간혹 조직 전체에 대한 효과적인 통제와 관리를 목적으로 하는 경우도 있다. 현장의 적잖은 경영자들이 구성원들의 '군기'가 빠진 것 같아서, 혹은 정말 열심히 일하는지를 확인해 보기 위한 목적으로 선진 기업의 베스트 프랙티스를 도입하려 하기도 한다.

어떤 때는 몇 가지 숫자만 넣어서 지금 조직이 건강한 상태인지 아닌지를 한 번에 확인해 볼 수 있는 조직 관리 '공식'을 만들어달라고 요청하기도 한다.

애타는 마음이야 십분 이해하지만 베스트 프랙티스는 그런 철학에서 시작되지 않았다는 점을 먼저 이해해야 하지 않을까. 아울러 인사조직 관리는 단순하게 숫자만으로 표시할 수 없는 매우 복잡하고 예민한 유기적 조직체임도 잊지 말기를 바란다.

우리는 지난 수십 년간 소위 선진 글로벌 기업의 인사조직 프로그램이 기대만큼의 효력을 거두지 못한 상황을 수차례 경험했다. 인력 선발 방법이나 HR 비즈니스 파트너 제도에서 최근의 애자일 조직과 디지털 트랜스포메이션까지.

급한 마음에 또다시 그럴싸한 제도를 도입하라고 할 것인가? 2019년 말 〈하버드 비즈니스리뷰〉는 디지털 시대 리더라면 '조직 내의 건강한 습관과 루틴을 만들어주는 개척자 역할', '비즈니스 파트너로서 조직 전체의 구조적 공백을 메워주는 역할'을 해야 한다고 말하면서 동시에 리더들은 필히 조직의 장애물과 지뢰부터 제거해주어야 한다는 전제 조건 역시 강조했다.

고려대학교 경영학과 김태규 교수가 "우리나라에서 팀제 경영의 효력은 IMF 외환위기 이후 기존의 산업 지도가 뒤집어지고 관성이 다 파괴되고서야 나타나기 시작했다"라고 지적한 부분도 이러한 체질 개선의 전제와 무관하지 않다.

무참히 판이 깨진 후에 파도에 밀려 변화될 것인가, 아니면 선제적으로 체질을 바꾸고 선순환의 변화를 만들어 갈 것인가. 이제는 선택해야 한다.

포스트 코로나 시대 기업의 조직 관리를 어떻게 해야 할지는 전 세계적으로 가장 핫한 토픽이다. 새로운 목적의식, 새로운 개념의 구성원 몰입도, 강화된 다양성과 포용성, 연결과 소통, 그리고 다시 애자일 조직 등이 거론된다.

결국 이 모든 키워드는 조직의 새로운 어젠다(Agenda)로 귀결될 수밖에 없다. 필드의 숨은 지휘자로서 인사부의 역할도 요구된다.

최고 경영진의 일방적인 지시가 아닌, 인사부의 주도적 리더십과 최고 경영진과의 파트너십이 형성되어야 한다. 여전히 그들은 조직의 정점에서 기업의 조직 문화 형성과 그로 인한 성과에 가장 큰 영향을 줄 수 있는 주체적인 그룹이다.

새로운 것을 디자인하고 실행하는 것은 중요하다. 그러나 앞서 진지하게 진짜 왜 이것을 하려고 하는지, 무엇을 과감하게 버려야 할 것인지를 먼저 분명하게 정리하고 가자.

당신이 결정권자라면
누구를 앉힐 것인가?

운이 좋았던 것인지, 일복이 터져서 그랬던 것인지, 다국적기업들의 한국 인사총괄 임원으로 일할 때마다 글로벌 본사를 방문할 기회가 많았다. 그때마다 그 기업의 전 세계 인사를 총 책임지는 임원과 독대해서 꽤 오랜 시간 대화할 기회를 얻었다.

내가 그들에게 던졌던 단순하지만 중요한 질문 몇 가지가 있었다.

"왜 수많은 후보자들 가운데 나를 한국 인사담당 임원으로 최종적으로 낙점했는가?"

"내가 이 회사에서 인사임원으로서 성공적으로 직무를 수행하기 위해 놓치지 말아야 할 가장 중요한 것은 무엇인가?"

이제 똑같은 질문을 이 책의 독자들에게도 하겠다.

"당신이 만약 의사 결정권자라면 인사부 수장의 자리에 누구를 앉혀야 할까?"

"당신 회사의 인사책임자가 공석이어서 새로 충원을 해야 한다면 어떤 역량을 가장 중요하게 볼 것인가?"

"지난날 인사 조직의 잘못과 시행착오를 뒤로하고 새 판을 짜야 한다면 어떤 기준으로 선발할 것인가?"

"과연 누구를 인사 전문가라고 인정할 수 있을 것인가?"

아마 이 질문들은 우리가 생각처럼 많이, 그리고 심각하게 논의해 온 것들이 아닐 것이다. '정말 좋은 사람이 필요한데'라는 걱정을 하면서도 말이다.

그러나 이제 우리 기업도 확고하게 정리된 생각을 마련할 시점이 되었다. 결국 화두는 "인사 전문가가 갖추어야 할 핵심 역량이 무엇인가?"이다. 하지만 대답이 그리 간단하지만은 않다.

리더인 당신이 결정해야 한다

미국의 인사 전문가 모임인 'SHRM(the Society for Human Resource Management)'에서는 비즈니스에 대한 통찰력(Business Acumen), 인사 분야 전문성(HR Expertise), 도덕성(Ethical Practice), 관계 관리 능력

(Relationship Management), 커뮤니케이션 능력(Communication), 컨설팅 능력(Consultation), 리더십 영향력(Leadership & Navigation), 글로벌 관점(Global & Cultural Effectiveness), 비판적 사고(Critical Thinking)라는 모두 아홉 가지 핵심 역량의 필요성을 강조한다.

재해석해 보면, '비즈니스에 대한 통찰력을 바탕으로, 인사 부문의 전문지식과 기능을 갖추고, 높은 수준의 도덕성과 신뢰받는 대인관계 능력으로 일하면서 올바르게 판단과 문제를 해결하고 커뮤니케이션을 잘하는 글로벌 감각과 다양성을 지향하는 리더' 정도로 정리된다. 참고하기에는 매우 유용하고 균형 잡힌 내용이다. 동시에 상당히 '이상적인' 내용이다.

사실 이 모든 것을 다 갖춘 인사 실무자나 책임자를 아직 현장에서 만나본 적도 없고 어느 곳에 있을 것이라는 소문조차도 들어본 적이 없다.

결국 의사 결정권자인 당신은 인사부의 포지션이나 직급 레벨에 따라 절대적으로 타협할 수 없는 핵심 역량과 최우선적으로 중요하게 여겨야 할 것들을 결정해야 한다.

외국계기업의 현장 비즈니스 용어로 핵심 역량을 설명하면 크게 직무 역량(Functional Competencies)과 리더십/관리 역량(Leadership/Management Competencies) 정도로 구분할 수 있다. 전자는 주로 직무에 대한 깊이 있는 능력과 직접적인 운용 능력을 강조하고 있고, 후자의 경우는 사람과 팀과 조직 전체와 상호작용하며 관리하고 리드하는 능력에 무게를 두고 있다.

  이 두 개 그룹 간의 균형도 생각해야 한다.

  즉, 젊은 구성원에게는 직접적인 직무 지식이나 실제 운용능력이 좀 더 강조되고, 리더십 포지션으로 올라갈수록 리더십 영향력이나 관리나 커뮤니케이션 역량이 강조되는 것이 외국계기업 현장의 일반적인 모습이다.

  사실 외국계기업에서는 이런 정리가 부담스러울 정도로 잘 되어있다. 보통 직무기술서(Job Description)라고 불리는 JD나 홈페이지, 혹은 내부 문서로 정리된 각 분야 전문가가 갖추어야 할 역량 사전 등을 보면 거의 백과사전 수준으로 정리가 되어 있는 경우도 있다.

  그러나 그렇다고 한들 무슨 의미가 있겠는가? 당사자들이 인지하지 못하고 제대로 실천하지 않는다면 그냥 종이 조각으로 남을 수 있을 뿐이다.

  우리 기업의 리더들은 무엇을 해야 할까?

  핵심 역량에 대한 문서적 정리는 최대한 간결히, 하지만 상황에 맞게 잘 업데이트를 하면 된다. 무엇보다도 이러한 핵심 역량이 실제 현장에서 제대로 잘 구현될 수 있도록 리드하는 데 중점을 두어야 한다.

  한마디로 핵심 역량이라는 것은 '높은 성과를 지속적으로 내는 이들이 보여주는 공통의 태도와 구체적인 행동' 정도로 달리 표현할 수 있다.

  그렇기에 '이러이러한 핵심 역량을 갖춘 사람을 원한다'는 것은 채용 시 통상적으로 강조하는 '우리는 이런 경험, 경력, 자격 요건(학교, 전공, 성별, 외국어 구사 능력, 나이 등)을 갖춘 지원자를 원한다'는 것과는 상당히 다른 이야기가 될 수도 있다.

'어떤 사안에 대한 구체적인 마인드와 성향, 컬러, 그리고 최종적으로는 바람직한 행동을 보고 싶다'는 의미이다. 궁극적으로는 높은 성과를 창출하는 사람, 회사에 살아있는 긍정적인 문화를 창조하고 이끄는 인재를 원한다는 의미이다.

다시 앞서 말한 미국 본사의 글로벌 인사총괄 임원과의 대화로 돌아가 보자.

여러 글로벌 총책임자 가운데에서도 가장 '찐'인 리더가 있었다. 내가 절대 놓치지 말아야 할 것이 무엇인지에 대한 질문에, 그는 "직원들에 대해서 진정으로 경청하는 것, 그리고 올바른 의사결정을 내리는 것"이라고 흔들림 없이 강조했다.

"이 두 가지를 잘 하면 내가 이 조직에서 인사 임원으로 성공할 수 있을까?"라는 질문에 대한 그의 대답은 "아니요"였다.

그의 말은 다소 역설적으로 들렸다.

"이 두 가지를 절대 놓치지 않는다면, 이 조직에서뿐만 아니라, 전 세계 어느 곳에 가더라도 성공할 것이다!"

연이은 그의 말이었다.

어떤 특정 핵심 역량을 갖춘 사람을 찾는다는 것은 명확하게 높은 성과를 내는 인사부, 인사 부원을 기대하고 있다는 뜻이다. 구체적인 업무 경험, 경력 연수, 학력 등이 성과에 영향을 미치는 것은 사실이지만, 핵심 역량만큼은 아니다.

고분고분하고 순하고 충성스럽게 늘 "예스!"라고 대답하는 사람인가, 아니면 명확한 핵심 역량으로 분명한 자신의 철학과 컬러를 가진 사람인가?

지금 리더인 당신의 결정이 회사의 앞날을 크게 좌우할 것이다.

회사라는 조직 밖으로 나가라

　얼마 전 인사 실무자만이 아니라 경영자, 직장인 등 다수에게 흥미를 끌만한 뉴스가 보도되었다. 네이버와 카카오 직원들이 전면 재택근무체제로 전환했다는 것이다.
　획기적인 변화이다. 처음 코로나 바이러스가 전세계를 흔들어댈 때, 전문가들은 팬데믹이 많은 것을 변화시킬 것이라고 했고, 실상 우리들은 지금껏 많은 변화를 목도해오고 있다.
　HR 비즈니스 영역에서는 더욱 그렇다.
　네이버, 카카오 두 기업의 사례는 적지않게 여타의 회사에도 직, 간접적으로 영향을 줄 것이라고 예상된다. 비록 최근 성장동력에 대한 갑론을박이 있었다고 하나 여전히 젊은 세대가 가장 근무하고 싶어하는 기업 중 하나이다. 말하자면 신흥 대기업이라고 할까? 게다가 집약된 첨단 IT기술로 사업을 펼쳐가는 곳이다.

그냥 '먼 나라 이야기'로 넘겨 버릴 수만은 없을 것이다.

그러나 저 유명한 기업들이 이끄는 트렌드 때문에 구성원들이 절대적으로 원한다고 해서, 전면 재택근무로 급전환 하는 것은 과연 바람직할까?

아닐 수도 있지만, 이것이 정답이 될 수도 있다.

해당 기업들의 고유한 비즈니스 모델과 기업문화에 부합된다면 말이다.

이런 관점에서 어떤 의제(Agenda)와 프로그램을 취할지를 정하는 것 못지않게 중요한 것은 비즈니스의 지형이 급격히 바뀐 오늘날에 어떤 비전과 역할로 임직원들을 도울 것인지를 결정하는 문제이다. 팬데믹의 끝에서 엔데믹으로 넘어가는 것 같지만 언제라도 다시 팬데믹이 올 수도 있는 상황에 살고 있다.

단순히 HR이 이제 어떤 프로그램을 만들어야 하는가보다 근본적으로 어떤 역할로 방향을 전환해야 하는지 진지하게 고민해야 한다.

코로나 이후, 산업계 전체가 그랬듯이 HR 분야에서도 여러가지 담론들이 오고 갔다. HR 트랜스포메이션은 기업의 인사담당자와 경영자가 근래 자주 언급하는 주제 가운데 하나이다. 그럼에도 실상 그 논의하는 내용들의 면면을 살펴보면 HR은 어떤 역할을 해주기 위해 존재하는지, 어떤 미션 때문에 일하고 있는지에 대한 논의나 연구는 생각만큼 많아 보이지 않는다.

물론 이에 대한 명쾌한 답을 제시하기란 쉽지 않지만 그 답을 얻으려고 애써야 할 시기이다. 이제는 분명히 더 큰 걸음을 내딛고 나가야 할 것 같다. 그런 후에 이를 바탕으로 새로운 역할을 모색해 볼 것을 제언한다.

시선을 이제 바깥으로 먼저 돌려보자. 회사라는 조직 밖으로 나가보자. 시장 전체와 사회 커뮤니티를 보고, 외부에서 안을 다시 들여다보면 HR이 어떤 역할로 어디에 좀 더 무게를 두어야 할지 보이게 될 것이다.

경영자와 인사 책임자를 위한 제언

전세계적으로 일하는 방식이 바뀌었다. 일하는 장소, 도구, 소통하는 방식 등. 인력을 채용하는 방법도 바뀌었다. 일하는 인력에도 변화가 일어났다.

AI가 등장했고, 디지털 트랜스포메이션이 가속화 되었다. 조만간 MZ 세대는 전체 노동인구의 과반수를 차지하게 될 것이라는 예측도 있다.

세상은 급격히 바뀌었는데 준비되고 제대로 훈련된 인재는 턱없이 부족해 보인다. 수요는 폭발했는데 공급물량이 현저히 딸린다. 인재전쟁의 시즌2, 3, 4가 계속된다는 의미이다.

기업이 고자세로 '갑'의 위치에 앉아있을 수 없는 세상이 왔다. 변화의 폭과 깊이와 속도는 2배속 이상인데 HR이나 리더나 구성원 모두 똑같이 혼란스러워 하는 것 같다.

앞서 네이버와 카카오 사례와 같이 구성원들이 사방 천지로 흩어져 버렸는데 어떻게 좋은 팀워크로 묶어 놓으면서 높은 수준의 직원 몰입도를 유지 할 수 있을까?

이렇듯 모든 것이 터무니 없을 정도로 바뀌었다. 그런데 재택근무를 하면서 어떤 기업은 근무시간에는 무조건 온라인 접속에 음성시스템을 켜놓을 것을 강제한다. 어떤 리더들은 직원이 눈에 보이지 않는데 어떻게 제대로 평가하냐고 볼멘소리를 한다.

시스템은 최첨단인데 HR의 역할은 여전히 통제와 감시자의 역할을 벗어나지 못하고 있다.

변화의 현상을 먼저 이해하면, HR이 집중해야 할 역할을 어느 정도 추론해 볼 수 있을 것이다. 몇 가지 새로운 역할 수행으로 HR의 '아이덴티티' 재정립을 해보자.

첫째, 기업 브랜드에 대한 스토리텔러(Employer branding storyteller)이다. 작금의 국내 채용시장은 경력직 중심으로 급격하게 기울었다. 제2의 인재전쟁의 서막도 열렸다. 인사부는 조용히 자리 지키는 것에서 벗어나 '브랜드 홍보대사'의 역할을 적극적으로 수행해야 한다.

구직자와 시장의 관점에서 기업의 스토리를 발굴하고 말해야한다.

그들의 철학과 핵심 가치와 핵심 역량 등을 매우 자세히 알려야 할 때이다. 구글, 아마존이나 실리콘밸리의 유니콘 기업들은 이 부분에 상당히 공을 들인다. 최고의 궁합을 갖춘 최상의 인재 선발 결과와 직결된다고 믿기 때문이다.

둘째, 직원 경험 네비게이션(Employee experiences navigator)이다. 뉴 노멀이 일상화된다면 인사부의 존재나 존재의 이유 자체를 구성원들은 잊을 수도 있다.

재택근무나 버추얼 상황의 미팅이나 워크숍이 보편화되는 세상에서 직원 경험은 생산성과 혁신을 높일 수 있는 중요한 요인으로 작용하고 있다.

이런 면에서 '직원 경험 네비게이션'이라는 인사부의 역할이 요구된다. 직원 경험은 직원들이 채용 공고를 보는 순간부터 퇴직하는 순간까지 고용과 직장생활의 사이클에서 겪는 모든 것을 의미한다. HR이 특정 시점마다 직원이 경험해야 할 이벤트를 가장 효과적으로 경험하고 만족할 수 있도록 만들어 주는 것이다.

IBM, 시스코 등의 글로벌 기업들을 필두로 많은 국내외 기업들이 점차 초점을 맞추는 부분이다. 기업의 생산성과 혁신에 직결되기 때문이다.

셋째, 성과 코치(Performance coach)이다. 임직원의 고성과 창출은 어제 오늘의 이슈는 아니다. 그러나 이는 향후 더 심화될 것이다. '성과 관리 코치'로 강화된 인사부의 역할이 필요한 시점이다. 재택근무 등 새롭게 일하는 방식의 환경에서는 구성원간의 성과 격차가 더 심화될 가능성이 높다. 이를 위해서 공통 및 직무별 그리고 각 리더십 역할별 필요한 핵심 역량을 다시 디자인해야 할지도 모른다. 특히 학습민첩성(Learning Agility)과 회복탄력성(Resilience)은 새롭게 챙겨야 할 역량이다.

넷째, 크로스보더 링커(Cross-border linker)이다.

코로나 상황에서 현장에서 만난 경영자들이 100% 공통적으로 목소리를 높이는 부분은 부서 이기주의이다. 버추얼 상황, 디지털 환경, MZ 세대의 등장은 부서 이기주의 문제를 악화시키고 있다. 뾰족한 묘책도 보이지 않는다. 부서간의 경계를 넘나들면서 이 벽을 허물어주는 '크로스보더 링커'로서의 인사부 역할이 그래서 필요하다.

끝으로, 트랜스포머(Transformer)의 역할이다. 변화 관리자(Change agent)라는 인사부의 역할은 이제는 거의 상투적인 표현이 되었지만, 그냥 변화가 아닌 영화 〈트랜스포머〉처럼 완전히 탈바꿈하는 정도의 변화 관리자 역할을 새롭게 수행해야 한다.

이를 위해서 어쩌면 HR의 조직 구성도 바뀌어야 할지도 모르겠다. 환경과 상황이 너무 변했기 때문이다.

결과론적이지만 코로나 바이러스는 산업 전반에 디지털 트랜스포메이션을 가속화했고, 일하는 방식도 획기적으로 변화시켰고, 새로운 성장동력을 촉진시킨 긍정적 결과도 선물했다.

어쩌면 코로나 바이러스는 국내 기업의 인사 전략과 역량이 새롭게 도약할 수 있는 최고의 기회가 될지도 모른다.

물론 현장 담당자들은 입을 모아 일하기가 더 어려워지고 있다는 넋두리를 하고 있다. 인사부에 대한 아쉬움과 불만이 계속되는 것은 국내나 해외 모두 마찬가지이다.

그런데 이번만큼은 한국의 인사제도가 다국적기업을 좇아가는 것이 아니라 시장을 리드했으면 하는 바람이다. 추격하여 승리하는 전술보다, 리딩하는 전략이 필요한 순간이다.

한국 양궁, K-팝, K-드라마 그리고 K-방역까지 가장 한국적인 것들이 가장 세계적일 수 있다는 주목과 인정을 충분히 받았다.

이제 정말, K-HR(인사)이 나올 때가 되었다.

2장

TALENT OBSESSION

'진짜 인재'를 알아보는 회사의 안목

톱티어 기업은
어떤 기준으로 사람을 뽑을까?

몇 해 전 잠시 몸담았던 스타트업 기업에서의 해프닝이 떠오른다. 중요한 포지션의 매니저를 선발하는 과정 가운데 인터뷰 진행 방식을 두고 경영진과 약간의 충돌이 있었다.

인터뷰 후 공동창업자 중 한 명이 나의 인터뷰 방식에 이의를 제기했다. 그의 '지적'은 지원자의 답변이 모호할 때 내가 관련 질문을 추가로 연이어 한 부분이 불편했다는 것이었다.

나는 다양한 각도에서의 관련 질문을 추가로 던지는 것이 왜 불편한지 그 이유에 대해 물어보았다.

그는 우선 회사 이미지가 나빠질 수 있기 때문이고, 또 인사책임자인 내 이미지가 지나치게 강조될 수 있기 때문이라고 했다.

고작 그 이유로 지원자의 답변이 명확하지 않은데도 여러 각도와 영역에서 그 후보자의 수준, 경험, 역량 등을 검증하지 않고 유야무야 덮어 버리자는 말인가? 인터뷰 이외의 시험도 없고, 평판 조회조차 제대로 하지 않는 상태에서 그냥 추정하고 "이 정도면 괜찮지 않을까?" 하면서 마무리하자는 것인가 말이다.

확신이 서지 않는데 적절한 수준에서 타협하거나 결론을 내는 습관이 지속되면 종국에는 어떤 상황이 발생할까?

최적의 인원을 확보하지 못해 조직 역량은 전반적으로 하향평준화될 것이고, 경영 성과는 악화되리라는 것이 충분히 예상된다.

반면 적당히 매너를 지키면서도 '부드럽게 압박하면서', 끈질기게 여기저기 정곡을 찌르는 질문을 하고 후보자의 실체를 규명할 수 있다면?

물론 '그 회사 너무 세다'라는 평판도 생길 수는 있다. 하지만 아직까지 터프하고 치밀한 인터뷰 질문 때문에 회사 이미지가 훼손되었다는 경우는 들어본 적이 없다.

'진짜 인재들'은 오히려 이런 스타일을 '매우' 좋아한다. 제대로 된 상대를 만나서 진검 승부를 했다는 느낌이 들기 때문이다. 항상 최고 스타일을 따라갈 수는 없겠지만 분명한 철학과 원칙은 있어야 한다.

개인적으로 20여 년 동안 다양한 초일류 다국적기업에 지원하면서 CEO나 최고위급 임원들과의 인터뷰를 대략 200회 정도 경험했다. 그들의 인터뷰 질문 기법이나 프로세스 및 제도에서 눈여겨볼 부분이 분명히 있다.

먼저 역량이나 직무 지식에 초점을 두고 구조화된 질문을 던진다는 것이다. 여기서 가장 핵심적인 기법은 열린(Open) 질문을 한다는 것이다. 이때 한 번 질문을 던지고 간단히 끝내는 경우는 드물다.

일류를 지향할수록 해야 할 일들

정말 필요한 역량이나 경험을 갖춘 사람인지를 확인하기 위해서 앞서 말한 대로 여러 각도에서 탐사를 해본다.

그래서 그들은 깊이 있게 규명하고 탐사를 해본다는 의미에서 '탐색 질문(Probing question)' 또는 '심층 질문(Deep dive question)'이라고 부르기도 한다. 기업마다 그 질문 기법의 용어는 상이하지만, '예스(Yes)' 또는 '노(No)'의 답을 요구하는 닫힌 질문이 아닌 열린 질문을 통해서 지원자가 겪은 기회(Opportunities), 경험(Experience), 평소의 행동 스타일(Behavioral description)을 그들이 받는 평가나 피드백(Appraisal), 동료 그룹과의 비교(Comparison), 지식(Knowledge) 등을 빠짐없이 체크한다. 그래서 이를 '오픈 백 모델(Open-Back Model)'이라고도 부른다.

둘째, 프로세스에 있어서의 균형을 유지하려고 한다.

예를 들자면 인사부, 직접 채용을 의뢰한 현업부서 관리자 그리고 채용된 임직원과 빈도 높은 협업을 해야만 하는 유관 부서 등의 주요 이해관계 당사자 모두가 선발 전형 과정에 어떤 형태라도 참여할 수 있는 장치를 만든다.

이때 이들의 역할은 제각각 다르다. 가끔씩 오류가 발생하기도 하지만, 새로운 면접 위원을 만날 때마다 다른 사람에게 받았던 같은 질문에 계속 답하고 또 답해야 하는 중복과 비효율을 피하도록 디자인한다. 사전 '작전 타임'을 통해 누가 무엇을 물어보고 어디를 체크할지를 먼저 교통정리 하는 셈이다.

셋째, 최종 의사결정 과정에 있어서 균형과 견제는 필수다. 이를테면 선발하고 싶지는 않은데 대표이사나 오너가 너무 마음에 들어 한다거나 낙하산으로 내려와서 꽂으라는 문화가 뿌리를 내리고 있다면 어떻겠는가?

그들은 최대한 제도적으로 이런 부분을 합리적으로 '견제'하곤 한다.

내가 최고위급 인사와 '불과' 여섯 차례의 인터뷰를 거치고 마이크로소프트라는 기업에 입사한 후에야 알게 된 사실이 있다. 채용을 할 때, 특히 내 경우처럼 시니어 임원 포지션 같은 중요한 자리에 사람을 선발하는 경우는 인터뷰에 참여한 이들 가운데 단 한 명이라도 반대를 하면 다시 원점에서 시작한다는 것이다.

물론 반대를 위한 반대가 아닌 명확한 논리적 근거가 있어야 한다. 아마존의 경우도 비슷하다. 의사결정에 앞서 최종적으로 5명 이상의 면접 위원 가운데 과반수의 찬성이 있어야 한다.

특히, 그 찬성표를 던진 사람 중에는 반드시 현업부서 관리자(Hiring manager)와 '바 레이저(Bar raiser)'라는 사람이 포함되어야 한다. '바 레이저'는 채용 결과의 이해와 충돌되지 않고 객관적으로 3자의 관점에서 평가할 수 있는 내부에서 인증된 사람이다. 아마존의 리더십 원칙에 근거해서 지원자의 '적합도'를 평가하는데, 문자 그대로 채용 표준(기준)의 품질을 유지하고 높이는 역할을 하는 사람이다.

결론적으로 요약을 해보자. 이런 과정 속에서 다국적기업이 꼭 확인해 보려는 것은 무엇일까? 결국은 선발하고자 하는 사람이 그 직무와 적합한지, 그리고 회사의 조직 문화와 적합한지를 소위 말하는 핵심 역량, 핵심 가치, 리더십 원칙, 문화라는 항목을 기준으로 체크하는 것이다.

이렇게 이야기하면 간혹 혹자는 그냥 다국적기업에서나 통용되는 '그들만의 리그'인 것처럼 생각하는 경향이 있다. 천만의 말씀이다.

기업이 일류를 지향할수록, 특히 스타트업이나 숨어있는 알짜 기업일수록 이 부분은 더 중요하다.

'포스트 코로나 시대'에는 갑절로 더 중요해지고 있다. 이제 기업은 더 철저히 준비해야만 한다.

'의인물용 용인물의(疑人勿用 用人勿疑)'라는 말이 있다. '의심하는 사람이면 쓰지를 말고, 쓰는 사람이면 의심을 하지 말라'라는 뜻이다.

명확한 방향을 수립하고, 확신을 갖고 인재를 선발하는 것이 그 어느 때보다 필요하다. 확실한 자신감을 갖고 사람을 선발하자.

고개를 갸웃거리면서도 마땅한 대안은 없고 사람은 필요하니까 '일단 뽑고 나중에 아니다 싶으면 우리에게는 3개월의 수습 평가 제도가 있으니 그때 내보내면 되는 것 아닌가?' 하는 안이한 생각으로 채용을 결정하는 경영자들도 있다.

나는 직원을, 특히 리더들을 피도 눈물도 없이 매정하게 잘라버리는 세계적인 유수의 다국적기업에서 오랜 시간을 보냈다. 결과론적으로만 보면 그들은 사람을 잘도 해고시켜 내보내지만, 20여 년의 세월 동안 사람에 대해 확신이 서지 않아 고개를 갸웃거리면서도 일단 먼저 뽑고 써보자는 접근을 했던 사례는 단 한 건도 보지 못했다.

그것이 그들이 때로는 비난을 받으면서도 여전히 수많은 인재들이 함께 일하고 싶어하는 세계 최고의 기업으로 명맥을 유지하고 있는 비결이 아닐까?

잡 인터뷰의 일곱 가지 비밀

좋은 사람을 뽑기 위해서 인터뷰를 할 때 무슨 질문을 할 것인가?

시작을 어떻게 하면 좋을까?

당신만의 독보적인 수준의 질문이 있는가?

얼굴에 온화한 미소를 띠면서도 지원자로 하여금 '이 면접관 때문에라도 이 회사에 꼭 들어가야만 되겠다'라고 결심하게끔 만드는 그대만의 질문 '레퍼토리'는 있는가?

인터뷰 진행을 요청받고 마지못해 자리를 지키는 자가 아니라, 가장 정확하게 의사결정을 이끄는 사람으로서 자리매김할 수 있어야만 한다.

인재를 자신 있게 변별해 낼 수 있는 훈련된 면접관을 보유하고 있다는 사실은 기업 입장에서는 참으로 큰 자산이라고 말할 수 있다.

공기업 등을 포함해서 국내 기업들은 아직 필요한 수준에 도달하지 못한 경우가 적지 않다. 그 첫걸음은 어떤 질문을 던질 수 있는지, 답변을 어떻게 해석해 내는지 등의 역량에 달렸다.

새로운 커리어를 구하는 '지원자'로 나의 몸에 밴 습관이 하나 있다. 누구나 충분히 생각하고 할 수 있음에도 불구하고 아무나 결코 시도하지 않는 행동이다.

그것은 그동안의 숱한 잡 인터뷰(Job interview)를 하고 난 다음에는 반드시 인터뷰 중에 받았던 질문들과 그에 대한 나 자신의 답변을 메모하고 정리하면서 복기해보는 것이다.

대략 200여 차례에 달하는 인터뷰를 전부 복기해보았다고 하면 거짓말일 테지만, 그래도 거의 절대다수의 경우는 이 '복습'과 반성을 하곤 했다. 이 과정에서의 발견과 시사점을 독자들에게 던져주고 싶다. 과연 어떤 질문을 하면 기대 이상의 효과를 거둘 수 있을지에 대해서 말이다.

그렇게 대단하고 거창하지는 않지만 충분히 응용할 만하다. 의외로 심플해 보이는 질문들이지만 제대로 활용한다면 강력한 도구가 될 것이다. 참고로 나를 인터뷰 한 사람은 거의 대부분 톱클래스 다국적기업의 최고경영자 내지는 최고위급 임원이었음을 밝혀둔다.

흥미로운 것은 그 수많은 사람들에게 헤아릴 수도 없었던 질문을 받았는데, 그 질문의 80% 이상이 결국 크게 일곱 가지 소주제로 압축되었다는 것이다. 그것들은 다음과 같다.

정작 무엇을 묻고 확인해야 할지를 모르는 관리자들에게

1. 왜 지원했는가? 본 인터뷰를 통해 얻고자 하는 것이 무엇인가? (Why did you apply? What do you hope to get out of this interview?) 쉽게 말하자면 지원 동기에 대한 것이다.

2. 우리 조직에 어떤 기여를 할 수 있는가? (What do you have to offer? What do you bring to the party?) 지원자가 정말 해당 기업을 도와줄 수 있는 사람인지에 대한 개괄적인 질문이다. 기업에 기여하지 못할 사람을 선발할 이유는 전혀 없는 것이다. 철저하게 비즈니스 마인드로 움직이는 다국적기업의 경우는 이 부분이 너무 명확하다. 한국의 기업들도 이제는 경력사원 중심이나 소수 정예로 가기 때문에 이 부분을 더 분명히 해야 한다.

3. 우리의 상황이나 문제, 해결해야 할 현안에 대해서 이해하고 있는가? (How well do you understand us? Have you worked out our needs, our big problems, or key results areas of the job?) 기업 그 자체, 기업의 비즈니스, 일하는 문화 등에 대해서 해당 기업에 대해서 얼마나 이해하고 있는지를 확인하는 질문이다. 직무를 제대로 이해하고 있는지, 기업이

처한 상황이 무엇인지 알고 있는지를 묻는다. 초일류 기업에서는 무조건 "명령만 내려주십시오. 무슨 일이든 열심히 하겠습니다!" 하면서 충성을 맹세하는 사람을 절대 선발하지 않는다.

4. 당신은 어떤 유형의 사람인가? (Who are you? What kinds of person are you?) 한 자연인으로서 그 사람의 일반적인 성격이나 유형, 기질, 그리고 관리나 리더십을 발휘하는 스타일 등을 확인하는 질문이다.

5. 여러 지원자 가운데 우리가 당신을 선택해야 할 이유가 있는가? (Why you rather than someone else with the same general profile? What's your unique selling points?) 그 사람만이 보유한 가장 차별화되는 '원-투 펀치'가 무엇인지를 묻는 것이다. 그 사람만의 독특한 '브랜드'가 있는지를 확인하고 싶어한다.

6. 당신의 입사를 결정하는 데 무엇이 가장 큰 의사결정 요인이 되는가? (What will it take to bring you on board?) 여섯 번째 질문에서는 질문의 성격이 확 바뀌었음을 느낄 수 있다. '당신을 우리 회사로 영입하려면 우리가 어떻게 하면 될까'에 관한 질문이다. 쉽게 말하자면 당신은 어떤 근무환경, 어떤 기업 문화에서 가장 동기부여가 많이 되며 최고의 성과를 만들어내는지, 급여 등을 포함해서 기대하는 처우 수준은 어느 정도인지, 출근이 가능한 시기가 언제쯤인지, 입사 의사결정을 내리는 데에 가장 마음에 걸리는 것이 무엇인지 등을 물어볼 수 있다.

7. 우리에게 궁금한 점 있으면 질문하라. (Do you have any questions?) 마지막 질문도 흥미롭다. 궁금하면 질문하라는 거다. 국내 기업의 경

우도 이런 질문의 기회를 지원자에게 부여한다. 그러나 다국적기업에서 이 부분에 대해서 부여하는 가중치는 상대적으로 매우 높다. 질문을 하느냐 하지 않느냐, 몇 가지 질문을 하는가, 어떤 종류의 질문을 하는가에 따라서 당락이 결정되는 경우도 왕왕 있다. 그 후보자의 기업에 대한 관심과 열정, 학습 정도, 남다른 통찰력을 이 질문 하나를 통해서 거의 가늠해 볼 수 있기 때문이다.

결국은 지원자가 왜 우리 회사를 선택했고, 제대로 우리를 이해하고 있는지, 정말 고용할 차별화된 가치가 있는지를 변별할 수 있어야 한다.

물론 위에서 적은 질문의 예시 그대로를 물어보는 경우도 있지만 다른 표현을 사용해서 질문하는 경우도 다반사였다.

이외에도 간단한 자기소개를 첫 질문으로 던지는 경우도 더러는 있다. 그러나 거의 통상적으로 첫 질문으로 자기소개를 해달라고 하는 국내 기업과는 분위기가 사뭇 다르다.

위의 일곱 가지 질문과도 연결되고 중복되는 부분이지만 직무 역량이나 지식에 대한 깊이 있는 질문, 리더십 등 특정 역량에 대한 질문, 실제 상황이나 가설적 상황을 통한 문제해결 능력을 거의 빠짐없이 점검하는 것이 일반적인 패턴이다.

그리고 전체적으로 질문에 대답하는 프로세스를 통해서 어쩌면 가장 중요하다고 할 수 있는 지원자의 커뮤니케이션 능력, 상대의 공감이나 설득을 끌어내는 능력을 체크할 수 있어야 한다.

말도 안 된다고 생각하겠지만 여전히 우리 주변에서는 "무엇을 물어봐야 하지?"라든지, "바빠 죽겠는데 꼭 내가 면접관으로 들어가야 하나?"라고 반응하면서 대타로 다른 이를 보내는 경우도 어렵지 않게 보고 들을 수 있다.

기업의 리더들이 죽더라도 꼭 기억해야 할 영어 단어의 뜻이 있다. '인터뷰(Interview: 면접)'이다. 영어 공부를 열심히 한 독자들은 다 알겠지만, 이 단어는 Inter(사이, Between)와 View(보다)라는 두 개의 단어가 합성된 단어이다.

즉, 테이블을 사이에 두고 서로 바라보고 체크한다는 것이다. 내가 지난 20여 년 동안 만난 최고의 성과를 만들어내는 시장의 고수들-핵심 인재들-은 인터뷰를 할 때 반드시 면접관의 질문과 일거수일투족을 통해 내가 가도 되는 회사인지 아닌지를 평가한다는 것이다.

회사가 후보자를 정확히 알아야 하고, 후보자도 회사에 대해서 알아야 한다. 그리고 후보자가 직업을 얻기 위해 열심히 공부하고 준비하는 만큼, 회사의 면접관도 좋은 인재를 얻기 위해서 열심히 공부하고 준비해야 한다. 그중 하나가 효과적인 질문이라는 것을 명심했으면 좋겠다.

'가장 적합한 인재'를 뽑는
4단계 인재 확보 로드맵

 좋은 인재를 선발하기 위해서 인사부만 정신을 차리면 모든 것이 술술 풀릴 수 있을까?
 국내 기업만을 겨냥해서 말하는 것은 아니다.
 사람을 선발하는 것을 포함하여 전반적인 인사 관리에 있어 외국기업의 관리자가 상대적으로 권한 위임이나 적극적 개입에서 낫다고 하지만 여전히 숙제는 많다. 인사부가 정확한 가이드를 주고 중심을 잡아주어야 하는 것은 맞다.
 그러나 해당 현업부서에서 이에 무관심하거나 프로그램이나 규정을 소화하지 못한다면 문제는 심각해질 수 있다. 더욱이 기업의 정책이나 문화가 현장 관리자의 면책을 묵인한다면 큰일이다.

몇몇 최고경영자들의 예를 들어보자.

훌륭한 경영철학과 인품에도 불구하고, 현업부서 관리자는 비즈니스 성과를 올리는 부분만 집중하게 만들고 인사, 조직 관리에 이슈가 있을 때면 오직 인사부 직원들만 닦달한다. 시대가 변하고 미래지향적인 관점에서 혁신적인 인재가 필요하다고 강조한다. 그런데 막상 그 핵심 인재가 조직에 적응하면서 겪은 각종 기회비용을 인정하는 것에는 매우 인색하다. 지금 당장 현업에 투입되어 가시적인 성과를 낼 수 있기를 바란다. 그러니 이 관리자들이 좋은 사람 선발하고, 고충 해결해 주고, 직원들 성장시키고 성과 관리하는 일은 그리 신경 쓰지 않아도 된다는 구시대 착각에 빠져 있게 된다.

조직이 쇠락하는 접근을 하고 있는 것이다. 확연하게 달라진 새로운 채용의 패러다임 속에서 비즈니스를 하고 있음에도 여전히 낡고 오래된 채용 제도나 습관에서 벗어나지 못하고 있는 것이다.

총제적인 인력 확보 및 영입의 종합 프로세스

이제 무엇을, 누가, 어느 시점에 어떻게 하면 좋을지에 대한 종합적인 로드맵을 구상해 보자. 실제로 나는 이 부분을 디자인해서 적지 않은 성과를 올렸다.

모든 이해관계 당사자가 걱정하며 열심히 움직였음에도 채용의 품질에서 기대만큼의 결과가 나오지 않았을 때 시도했던 방법이다. 혼자서 북 치고 장구 치고 했던 접근이 아니라, 관계된 모든 이들을 소집해서 지나간 과정 하나하나를 되짚어보면서 만들었던 제도이기에 기업의 종류나 크기에 상관없이 충분히 해볼 만한 프로세스라고 생각한다.

그 당시 일했던 다국적기업에서 '탤런트 애쿼지션 로드맵(Talent Acquisition Road Map)'이라고 심플하게 이름을 붙였는데, 굳이 풀어서 우리말로 설명을 하자면 '최적의 인재 확보와 신규 인력 연착륙을 위한 종합 로드맵' 정도로 명명할 수 있다.

단순 채용을 넘어서 총체적인 인력 확보 및 영입(Talent acquisition) 개념으로 종합적인 프로세스를 해당 관계자들의 공동인식과 책임으로 운영되어야 한다는 것이 본 제도의 핵심 개념이다.

사전 서류심사에서부터 신규 인력이 조직에 안착할 때까지 총 4단계로 구성된 '신(新) 인재 확보 로드맵'을 그렸다. 이 '로드맵'은 크게 사전 심사 및 선발(Pre-Screening), 본격적인 선발 프로세스(Selection Process), 고용 제안 단계(Offer Stage and Pre-onboarding) 그리고 입사 및 적응 단계(Onboarding)로 구성이 되어 있다.

사전 심사 및 선발 단계는 '로드맵'의 첫 단계이자 제일 중요한 단계이다. 본격적으로 이력서를 검토하거나 지원자(후보자)를 만나서 대면 인터뷰를 시작하기 전의 단계지만 여기서 방향 설정이 잘못되면 자칫 남은 과정에서의 표류와 비효율적 결과를 야기할 수 있다.

▶ 신(新) 인재 확보 종합 로드맵

단계	사전 심사선발 단계 (Pre-screening)	선발 프로세스 단계 (Selection process)	고용 제안 단계 (Offer stage and Pre-onboarding)	입사·적응 단계 (Onboarding)
의미 및 주요 핵심 영역	전체 채용 전형 과정에 대한 이해관계 당사자들의 동일한 이해와 공감 형성	구조화된 프로세스를 통한 최적의 인력 선발	눈높이 커뮤니케이션으로 지원자가 확신을 갖고 입사할 수 있도록 도움 제공	신규 인력의 연착륙과 빠른 적응을 돕도록 함

여기서는 모든 이해관계 당사자(인사부, 현업 채용 매니저, 경영진 등)가 인재 확보를 위한 전체의 큰 그림을 동일한 수준으로 이해하고 공감하는 것이 중요하다. 그리고 구체적으로 전체의 세부적인 프로세스와 일정을 어떻게 진행해야 할지에 대한 합의도 이루어져야만 한다.

당연히 주요 단계에 대한 역할 분담과 책임을 어떻게 해야 할지에 대한 명확한 의견 일치가 선행되어야 한다. 재정립된 정확한 직무 기술서 기반의 이상적 후보자 프로필과 어떤 채널로 인재를 찾아내야 할지에 대해 합의, 그리고 면접관들의 훈련 내용 또한 당연히 포함되어야 한다.

선발 프로세스 단계는 인사부와 채용 매니저 등이 해당 이력서를 검토하고 자격 요건을 갖춘 지원자와 본격적인 인터뷰를 진행하는 순서이다.

여기에서 제일 중요한 부분은 '최고의 인재'를 선발하는 것이 아니다. 사전에 정확하게 정리된 직무와 기대하는 역할에 가장 잘 부합되는 '가장 적합한 인재(Right person)'를 선발해 내는 것이다.

그 과정을 가장 잘 수행해 내기 위해서 기업은 자신들의 핵심 가치나 역량 그리고 비즈니스와 문화를 잘 반영한 구조화된 인터뷰를 통해서 적합성이 가장 뛰어난 지원자를 선발할 수 있어야 한다.

특히 인터뷰 단계에서 인사부와 해당 채용 매니저 간의 역할 분담 (이를테면 상호 간의 지원자에 대한 구체적인 중점 점검사항)은 어떻게 할지, 구체적으로 지원자 평가는 어떻게 할지 그리고 각 인터뷰가 끝날 때마다 어떤 프로세스로 정리한 후 다음 단계로 넘어가야 할지에 대한 관리 체계를 만들어 놓아야 한다.

관리자나 고위급 임원 등에 대한 포지션을 결정할 때는 심층적인 평가 수단으로 다국적기업이 많이 활용하는 어세스먼트 센터 (Assessment Center) 등의 도입 여부도 고민해 볼 만하다.

일종의 고용 제안 단계로 타당성이 있거나 경쟁력 있는 고용 제안 (급여 및 복리후생과 근무조건)을 하여 당사자가 해당 조직에 입사하겠다는 의사결정을 할 수 있도록 '돕는' 과정이다.

국내 기업에서는 다소 생소한 과정일 것이다. 이미 시행하고 있다 하더라도 여전히 '갑'이라는 우월적 지위의 관점에서 이전 관습에 따라 오류를 범하기도 쉽다.

이 단계에서의 핵심은 두 가지다.

먼저 해당 직원과 쌍방향 커뮤니케이션을 상당히 잘해야 한다는 것이다. 또 하나는 상대방의 마음에 새로운 고용주에 대한 편안함과 기대감을 심어주어야 한다는 것이다.

'우리가 제안할 수 있는 사항이 ○○밖에 없으니, 오고 싶다면 오고 아니면 말라'는 식의 소통 방법은 매우 위험하다. 당사자와 눈높이를 맞추려 노력하는 것이 참 중요하다.

기업이 다양한 배경의 인재들을 끌어안는 부분을 놓친다면 그 기업 전체의 역량이 '하향평준화'되는 것은 시간문제이기 때문이다.

마지막 단계지만 절대 놓치면 안 되는 것이 입사 및 적응 단계이다. 모든 과정이 마무리되었다면 이제 공식적으로 정해진 날짜에 출근하여 조직의 새로운 일원으로 출발하게 된다.

입사하고 적응하는 단계(Onboarding)가 시작되는 것이다.

이 단계의 가장 중요한 목적은 신규 인력이 새로운 커리어의 무대에서 하루빨리 편안함과 자신감을 갖고 실력 발휘를 할 수 있도록 돕는 것이다. 최종 합격자가 이전 단계에서 공식적으로 고용계약서에 사인했다고 해도 약속했던 입사 당일 나타나지 않거나 입사한 후 몇 개월도 지나지 않아서 회사를 퇴사해버리는 것은 이제 더 이상 그리 낯선 현상이 아니기 때문이다.

경력 사원의 비중이 높아지고 있는 요즘의 노동시장에서 그들은 얼마든지 다른 대안을 찾을 수 있다. 특히 밀레니얼 세대의 경우 일의 의미나 재미를 찾지 못한다면 언제라도 조직을 떠날 준비를 하기에 더 더욱 이 단계의 중요성이 높아지고 있다. 기업 입장에서는 오히려 가장 긴장감을 느끼는 단계일 수 있다.

좋은 직원을 선발한다는 것은 마치 저축을 하는 것과 같다. 좁디 좁은 땅덩어리에 턱없이 부족한 천연자원이라는 태생적 핸디캡을 극복하고 대한민국이 선진국의 반열에 오를 수 있었던 것은 단연 인적자원의 힘이었다.

기업 현장에서도 바른 채용을 통한 인재 확보가 비즈니스 결과에 지대한 영향을 미친다는 주장에 동의하지 않을 이는 드물 것이다. 그렇지만 또 생각만큼 이 문제에 절실한 관심을 보이지는 않는다.

"우리의 최고 인재 스무 명을 빼앗긴다면, 우리는 그저 평범한 회사로 전락하고 말 것이다"라고 한 마이크로소프트 창업주 빌 게이츠(Bill Gates)의 말을 다시 한번 곱씹어 볼 필요가 있을 것이다.

경영 현장의 리더들은 스스로 인재 적합성의 기준을 명확히 정립해서 등용문 컨트롤타워의 한 축을 책임져야 한다. 완벽한 선발은 여전히 요원할 수 있겠지만 '타율'을 훨씬 더 높은 수준으로 올릴 수 있는 가능성은 여전히 충분히 남아있다.

평판 조회를 그대로 믿은 자의 최후

평판 조회. 레퍼런스 체크(Reference check)라고도 한다.

고용 가능성이 높은 지원자에게 최종적으로 공식 입사 제안을 하기 전에 업무역량, 성과, 리더십, 품성, 대인관계 등을 검증해 보는 절차라고 할 수 있다.

통상적으로 지원자와 관계가 있는 이전 직장의 상사, 동료, 인사부, 팀원, 후배 등에게 의견을 요청한다. 개인적인 관계 여부에 따라 때로 부정적인 평가가 있을 수도 있으니 객관적인 시각을 유지하도록 각별히 주의해야 한다.

거의 모든 기업에서 레퍼런스 체크를 중요시한다. 점검 항목이나 범위, 깊이 등이 광범위해지고 심화되는 추세라고 말할 수 있다.

단 한 번의 타협과 조급증이 만났을 때

오래전 일임에도 기억 속에 생생히 남아있는 악몽 같은 사건이 있다. 한 다국적기업의 인사총괄 책임 임원으로 재직할 때였다.

회사는 중요한 신규 사업의 실무를 이끌어갈 시니어 매니저 한 명이 필요한 상황이었다. 상당히 좋은 프로필을 갖추었다고 판단한 후보자를 찾아서 인터뷰한 후, 채용을 확정했다.

그는 입사 후 별 탈 없이 직무를 수행해가는 듯 보였다. 그러나 곧 그의 실체(!)가 드러났다. 직무의 전문성도 찾아보기 어려웠고 협업하기보다는 충돌이 잦았다. 상사와의 갈등 상황에서 상식적으로 받아들이기 어려운 돌출 행동도 있었다.

수습 기간이 종료되기 전, 회사는 그에게 더 이상의 고용 관계를 유지하기 어렵다고 공식적인 통보를 했다. 악몽은 여기서부터 시작되었다. 이미 숱한 '전과'를 보유한 그의 '노련하고 치밀한 준비'에 회사는 허를 찔려 부당 해고 소송에 휘말리게 되었다. 진짜 문제는 그다음이었다.

마치 한 편의 영화 같은 이야기가 전개되었다. 꼬여 있던 분쟁을 풀어가는 과정 속에서 우리는 그가 제출한 학력, 경력, 전 직장 연봉 및 급여명세서, 평판 조회 등 상당수가 거짓 정보였음을 알게 되었다.

문제를 해결하기까지는 거의 만 2년 가까운 시간이 소요되었다. '정말 막을 수 없었던 사건이었을까?'라는 독백을 몇 번이나 했다.

명확히, 분명히 막을 수 있었다. 평판 조회만 제대로 했다면 말이다. 물론 인터뷰 과정에서도 약간의 의심이 드는 순간이 있었다. 현업의 다급한 인력 필요성이라는 볼멘 목소리와 타협하면서도 개인적으로는 불안한 마음이었기에 평판 조회에서 만회해 볼 생각이었다.

그러나 소위 말하는 시장의 관례에 또 한 번 멈칫할 수밖에 없었다. 아직 전 직장에서 퇴사하지 않아 후보자의 평판을 알아보기는 실제로 어려운 상황이었다.

그래서 꽤 오래전에 근무했던 회사를 중심으로 평판 조회를 의뢰했다. '통상 그렇듯이' 중간에 에이전트 역할을 해준 헤드헌터를 통해서 말이다.

이런 경우는 평판 조회의 품질이 떨어질 개연성이 충분히 있다. 헤드헌터 역시 속히 성사시키고 수익을 얻고 싶은 마음에 심리적으로 다분히 허용적이 될 수 있는 리스크가 있기 때문이다. 어쨌거나 평판 조회의 결과 보고서는 '채용 적합' 의견이 나왔고, 회사는 그 결과를 '그냥 그대로' 믿었다.

그렇다면 평판 조회를 제대로 했다면 리스크를 줄이고 성과를 향상시킬 수 있을까?

그렇다.

그 사례는 참으로 많다. 특히, 앞서 예로 든 악몽 같은 사건으로 엄청난 수업료를 낸 이후부터 나는 평판 조회를 더 꼼꼼히 하게 되었다.

헤드헌터들에게는 매우 불쾌하게 들릴 수 있겠지만, 우선 평판 조회 보고서를 한 번쯤 의심해 본다. 그리고 임원급 이상의 포지션이라면 보고서 내용을 그대로 믿기보다는 서치 펌의 양해를 구해 의견을 주었던 몇 사람들에게 직접 연락해 보기도 하고, 추가적인 평판 제공자를 찾기도 한다.

어떤 때는 헤드헌터에게 양해를 구하고 개인적인 인적 네트워크를 총동원해서 또 한 번의 조사 아닌 조사를 진행했던 적도 있었다. 그 과정 속에서 정말 선발해서는 안 될 사람들을 걸러낸 일도 있었음은 물론이다.

이제 국내 기업들도 경력직을 찾을 수밖에 없는 상황에 처해 있다. 그 어느 때보다도 직무와의 적합도 및 흔히 '케미'(Chemistry)라 부르는 조직과의 적합도 내지는 궁합의 중요성이 훨씬 더 커져 버렸다.

그러나 남녀가 살을 맞대고 부부로 살아보기 전에는 서로를 완전히 알 수 없듯이, 정식으로 출근해서 몇 개월 이상 함께 근무해 보지 않는 한 신규 직원을 정확히 파악하기는 어렵다. 현행 수습 제도만으로는 이러한 맹점을 완벽하게 보완할 수 없다.

그렇다면 구조화된 인터뷰를 통해서 지원자가 기업이 찾는 직무 기술과 지식과 경험을 갖추었는지를 잘 가려내야 한다. 그러나 인터뷰만으로 이를 완벽히 체크한다는 것 역시 불가능하다.

게다가 대다수 국내 기업의 현실은 구조화된 인터뷰가 아직 뿌리를 내리지도 않은 상태이다. 평판 조회를 가벼이 여겨서는 안 될 아주 현실적인 이유이다.

대기업은 비교적 상황이 괜찮다고 할 수 있겠지만, 인력도 비용도 시스템도 완전히 갖추지 못했거나 회사 브랜드가 아직 약한 중소기업이나 스타트업의 경우에는 쉽지 않을 수도 있다.

다국적기업이 진행하는 '풀코스'나 'FM' 수준의 평판 조회는 국내 다수의 기업에서는 현실적으로 어려울 수도 있다.

이런 경우에는 우선적으로 임원 등 핵심 포지션만큼만이라도 꼭 평판 조회를 진행할 것을 권한다. 후보자에게 평판 제공자를 지명해달라 할 수도 있지만, 기업이 역으로 지명해서 진행할 수도 있다.

후보자의 현 직장에선 마땅히 평판을 체크해줄 이가 없다면, 그 회사를 떠난 누군가를 찾거나 다른 방법 또한 분명 있을 것이다.

손쉽게 헤드헌터만을 의지하는 것이 아니라 복수의 채널도 가동해보자. 시장에는 자신의 커리어를 세탁하고 다니는 이들도 분명하게 존재한다는 사실을 기억해야 한다.

마지막으로 단 한 번의 타협과 조급증이 만날 때 돌이킬 수 없는 타격을 입게 된다는 점을 잊지 말기를 당부한다.

"어세스먼트 센터를 아십니까?"

여러 다국적기업에서 근무하면서 기대 이상의 엄청난 프로젝트와 역동적인 업무를 경험했다. 그 가운데에서도 가장 신선하면서도 가치 있다고 느꼈던 프로그램은 바로 어세스먼트 센터(Assessment Center)이다.

개인적으로는 '문화적 충격'까지 느꼈던 것이 바로 이 프로그램이었다. 장점이 크지만 국내 기업의 입장에서는 만만찮은 제약도 있다. 그럼에도 나는 더 많은 국내 기업들이 이 프로그램을 부분적으로나마 꼭 도입해 볼 것을 강력히 추천한다.

전제는 단순하다. 정말 인재를 키우고 싶고 지속적인 성장을 만들어내고 싶은 목표와 욕심이 확고하다면 말이다!

어세스먼트 센터는 그 용어와 개념 모두 국내 비즈니스 리더에게 여전히 생소한 게 사실이다. '센터'라는 단어가 붙었다고 해서 무슨 시설이나 장소로 오해하는 경우가 있는데, 어떤 물리적인 공간과는 전혀 상관이 없다. 쉽게 말해서 어세스먼트 센터는 중요한 리더십 포지션의 인재를 충원(채용)하거나 내부적으로 선발(승진 심사도 포함)할 때 활용하는 종합적이고 심층적인 선발 도구라고 말할 수 있다.

절대적이고 표준적인 역량에 부합하지 않는다면

어세스먼트 센터의 기원은 흥미롭게도 제1차 세계대전 당시 독일이 썼던 장교 선발 도구에서 찾을 수 있다. 그 후, 제2차 세계대전 중에는 오늘날 미국 CIA의 전신이라고 할 수 있는 OSS(전략 사무국 : Office of Strategic Service)에서 군과 민간 첩보원을 선발하는 수단으로 도입되었다.

1950년 미국의 AT&T 사에서 관리자들의 잠재력을 평가하는 도구로 사용한 이래로 서방의 기업들을 중심으로 확산되었다. 이들이 이 도구를 사용했던 가장 큰 이유는 어세스먼트 센터가 여타의 선발 도구들에 비해서 관리자의 직무 성과 및 커리어 성공을 가장 정확하게 예측했다는 연구 결과에 뿌리를 두고 있다.

현재에 이르러 어세스먼트 센터의 활용 범위는 더 확장되고 있다. 국내에서도 일부 대기업과 공공기관을 중심으로 리더 선발이나 훈련에 활용하고 있다.

어세스먼트 센터의 가장 큰 특징은 업무를 가장 성공적으로 수행하는 데 꼭 필요한 '절대적이고 표준적인 역량'에 대한 기준을 정해놓고 그 절대치에 가장 정확히 부합하는 인재를 선정하는 방식이라는 것이다. 때문에 톱클래스 다국적기업들은 이 도구를 활용할 때 아무리 지원자가 많다고 해도, 이 절대 기준에 부합하는 후보자가 없다면 단 한 명도 선발할 수 없다는 기준을 갖고 있다.

절대 기준을 잠시 잊고 상대적으로 가장 성적이 좋은 사람을 왕왕 선발하는 다수의 국내 기업과는 사뭇 다른 원칙이다.

어세스먼트 센터는 '서류함 정리(In Basket)'라 불리는 특정 비즈니스 주제를 분석하고 정리하는 작업, 그룹 토론, 개인의 비즈니스 프레젠테이션, 역할 연기, 심층 인터뷰 등의 다양한 방법을 활용해 지원자가 요구 수준의 역량을 갖추었는지를 예측하고 평가하는 툴이다.

실제적인 비즈니스 케이스 시뮬레이션을 통한 역량 평가 도구인 셈이다. 이렇게 종합적이고 심층적인 선발 도구라는 점 때문에 상대적으로 성과 예측 정확도는 훨씬 높아지지만, 경우에 따라서는 하루 이상의 시간을 들여 충분히 훈련된 심사위원을 투입해야 한다는 시간적, 금전적 난제가 있는 것도 사실이다.

그럼에도 이 제도는 경험해 볼 만한 가치가 있다.

인턴이나 수습 기간을 갖는 옵션을 제외한다면 그 사람의 숨은 습성까지 재발견할 수 있는 가장 좋은 도구라고 할 수 있다.

중요한 자리의 리더를 선발하는 데 있어 어세스먼트 센터만 한 도구가 없다. 굳이 압박 질문을 하지 않더라도 다양한 상황과 스펙트럼에서 지원자의 역량을 제대로 체크해 볼 수 있기에 확실한 변별력이 있다. 유럽 무대에서 자존심과 콧대 높은 핵심 인재들과 수차례 합숙하면서 어세스먼트 센터를 진행할 때 그들이 주어진 과제를 해결하는 과정에서 '멘붕'이 되거나 눈물을 펑펑 흘리던 광경을 심심치 않게 목격하기도 했으니 말이다.

또 다른 이유로 이 프로그램은 다목적 활용이 가능하다는 것이다. 비단 핵심 인재나 주요 관리자 선발에만 사용을 국한할 필요는 없다.

내부적으로 승진 심사의 주요 항목이나 수단으로 활용할 수 있다. 승진이라는 이벤트는 노사 양측 모두에게 중요하고 민감한 사안이다. 밀실에서 투명치 못한 인사고과 결과만을 의지해서 내부의 논의 아닌 논의를 통해 결정하는 절차에 추가적으로 이런 과정을 조합해 보자. 당사자가 더 큰 리더십 역할을 수행할 준비된 인재인지를 점검해 보는 것은 회사의 의사결정 수용도를 높여 사내 여론을 긍정적으로 관리할 수 있다.

정치인들도 대권에 도전할 때, 수차례 공개 토론회를 통해 자신의 정책과 준비 상태를 어필하지 않는가?

더욱 중요한 것은 이를 단순한 인재 선발의 도구를 넘어 리더의 역량 개발 프로그램으로 효과적으로 쓸 수 있다는 것이다.

어세스먼트 센터를 돌려보면 한 개인의 강점과 보완점은 무엇이고 더 큰 리더로 성장하기 위해 구체적으로 어떤 부분을 어떤 옵션을 갖고 개발해야 할지도 파악된다. 범위를 더 연장시켜 임원 개인 코칭 프로그램의 기본 자료로도 충분히 활용 가능하다.

올바른 인재 선발은 인사관리 성공에 있어 시대를 관통하는 가장 중요한 요소이다. 국내 기업의 인재 선발 채용 패턴은 지난 수십 년간 일시적인 유행에 일희일비하면서 들쭉날쭉 변화를 거쳐왔다.

그 사이 노동시장은 빠른 속도로 개방화되면서 이미 구조 전환에 돌입했다. 어세스먼트 센터라는 프로그램은 미국, 유럽 등 개방화된 노동시장에서 이미 검증된 방법이다.

이 과정을 통해 선발된 인력들의 성공 케이스도 많다.

모든 임직원에게 어세스먼트 센터를 도입할 수는 없더라도 임원 등 핵심 포지션에는 이 제도의 시행을 한번 진지하게 고민해 볼 때가 된 것 같다.

헤드헌터들과의 만남에서
내가 깨달은 것들

 헤드헌터. 고객들로부터 의뢰를 받아 인력시장에서 기업이 요구하는 검증된 인재들을 찾아내 추천해 주고, 채용이 성사되었을 때 그 대가로 수수료를 받는 직종이다.
 미국이나 유럽에서는 이미 오래전부터 구인 및 구직에 헤드헌터를 활용하는 것이 보편화 되었다. 국내에서도 1980년대 후반부터 다국적 기업을 중심으로 헤드헌터를 통한 채용을 하기 시작했고, 이제는 대기업, 중견기업은 물론이요, 정부 산하기관에서 공직을 채용할 때도 헤드헌터를 활용하는 게 일반적이다.
 그렇다면 헤드헌터는 정말 필요하고 도움이 될 수 있는 존재인가?

이에 대한 나의 대답은 당연히 '예스(Yes)'이다.

그러나 헤드헌터에게 의뢰하는 기업이 그들의 현주소를 잘 파악하지 못하고 제대로 활용하지 못한다면 죽도 밥도 되지 않는 결과를 가져올 수도 있다. 시간도 돈도 날아갈 수 있다는 의미다.

세상 그 어느 분야와 마찬가지로 소명감과 보람을 갖고 이 업(業)을 진행하는 전문가도 많이 있지만, 그에 못지않게 함량 미달인 경우도 많다.

진입장벽이 거의 없고 초기 자본 투자 역시 크게 하지 않고도 막연히 큰돈을 벌 수 있을 것이라는 막연한 생각으로 이익만을 좇는 이들도 있기 때문이다.

절대 만나서는 안 되는 헤드헌터 감별법

최고의 헤드헌터를 찾기 전에 우선 절대 만나서는 안 되는 헤드헌터를 감별할 수 있어야 한다.

먼저, 인재를 찾는 고객사의 외견상 까다롭고 디테일한 요구 사항에 명확한 논리 없이 그 조건은 어렵다는 이야기를 되풀이할 경우이다. 그들의 실력을 의심해 볼 필요가 있다.

또한 서비스 보증 기간을 줄이려고 하면서 자신들은 인재 채용에만 집중해야 성공률을 높일 수 있다고 한다면, 이는 절대적으로 피해야 한다. 헤드헌터는 기업에 인재를 추천해서 채용이 된 이후에도 고객이 채용한 인재가 일을 잘 하고 있는지도 신경을 써야 한다. 당연히 추천한 후보자가 불가피하게 회사를 떠난다면 일정 기간 내에 받았던 수수료를 돌려주든지 동급의 인재를 충원해줄 의무도 다해야 한다. 그런데 이런 조건을 피하거나 최소화하려는 업체가 있다. 역시 피해야 한다.

또한 현재 수행하는 프로젝트의 성공에 집중하기보다는 담당자와의 개인적 관계 형성에 더 치중하거나 다음 오더나 '턴키(Turnkey-based : 통째로 일괄 수주하는 것)' 오더까지 은연중에 욕심을 내는 업체들이 있다면, 이 역시 경계 대상이다. 무엇보다도 직·간접적으로 고객사의 비즈니스나 시장의 현황에 대한 이해력 부족을 빈번히 드러낸다면, 큰 리스크가 될 것이다.

거기에 제대로 된 후보자 보고서나 평판 조회(Reference check) 보고서가 없거나 부실하다면 주먹구구식으로 일을 하고 있다는 반증이 될 수 있다.

아울러 아무리 헤드헌팅 비즈니스가 개인 역량 중심의 비즈니스라고는 하지만 이직이 잦거나, 이직 후 곧바로 새로운 명함을 갖고 찾아오는 헤드헌터는 가까이하지 않는 것이 좋다. 무엇보다도 무조건 '예스맨'의 자세를 보이거나 질문이 없거나 프로젝트를 진행하는 데 고객측에 추가적인 자료 요청이나 질문을 하지 않는다면, 이 역시 거리를 두어야 한다.

'제대로 된' 헤드헌터 감별을 위해서는 인사 실무자도 스스로 안목을 키워야 한다. 우선적으로 해볼 수 있는 것이 헤드헌팅 업체 자체의 평판을 조회해 보면 된다. 생각만큼 어렵지 않다.

주요 클라이언트 명단과 진행했던 프로젝트와 담당자를 알려달라고 요청하면 된다. 프로젝트명까지는 힘들 수도 있겠지만, 클라이언트가 누구인지는 쉽게 알 수 있다.

그리고 할 수 있다면 믿을 수 있는 비즈니스 관련 지인에게 검증된 업체를 소개받는 것이 안전하다.

나는 오랜 관계를 유지해온 경험 많은 컨설턴트에게 의뢰하는 경우가 다반사이지만 간혹 믿을 만한 인사 전문가들 모임에서 현직 실무 담당자에게 소개를 받는 경우도 있다. 현실적으로 다소 어려울 수는 있지만 주변에 이직 경험이 꽤 있는 임직원들에게 헤드헌팅 업체의 평판을 물어보는 것도 의외로 중요한 힌트를 얻을 수 있는 방법이다.

동시에 기업 담당자 입장에서도 꼭 전향적으로 생각해 봐야 할 사항들이 몇 가지 있다. 헤드헌터를 단순히 하청업체 정도로 생각하는 사고에서 탈피해야 한다. 이들을 잘 활용해서 기업의 브랜드 홍보대사나 시장에서의 지지자로 바꿀 수 있어야 한다.

그러려면 회사에 대한 충분한 정보를 주고, 교육해야 한다. 단순히 사람만 빨리 찾아 달라는 메시지는 지양해야 한다. 헤드헌터를 선정하기까지는 숙고하고 신중히 결정해야 하지만, 일단 일을 맡겨볼 만하다는 확신이 서면 그때부터는 성과를 잘 낼 수 있도록 장기적 관계의 파트너처럼 '양성'을 해내야 한다.

  헤드헌터에 대한 지속적인 체크와 적절한 긴장감 조성은 반드시 필요하다. 그러나 정확한 시장 상황 파악 없이 그저 기대한 시간 내에 흡족한 후보자를 데려오지 못한다는 조바심에 중구난방으로 여러 업체에게 동일한 오더를 내리는 것은 가장 피해야 행동 중 하나다.

  그럼에도 여전히 다수의 국내 기업들이 이런 실수를 반복한다. 검증된 통계 자료도 없이 막연히 다다익선이 좋을 것이라는 믿음에서 이런 접근을 '남발'한다.

  그러나 실력 있는 20여 개의 헤드헌팅 업체의 대표들에게 의견을 구해보니 이런 고객을 위해서는 전력을 다해 일하겠다는 이들이 단 한 명도 없었다. 역지사지를 떠올릴 것도 없다. 누구라도 이런 고객에게 베스트를 다할 순 없을 것이다. 기업 인사담당자들이라면 반드시 주목할 필요가 있는 사항이다.

  이제 헤드헌터를 통한 이직과 구인은 자연스러운 흐름이 되어버렸다. 헤드헌터 산업 비즈니스의 모델이 진화하고 다변화할 가능성은 충분하지만 앞으로의 노동시장에서 기업과 지원자, 양자를 연결하는 제 3자인 헤드헌터라는 에이전시 역할은 쉽게 사라질 것 같지 않다.

  수많은 업체의 난립 속에 헤드헌터 자체를 신뢰하지 못하는 경영자들도 있지만, 이들을 멀리하기보다는 적절한 비용을 지불하고 기업을 돕는 파트너로 활용하는 것이 더 현명한 접근이 아닐까 생각해 본다. 1차적으로는 우리가 필요한 최적의 인재를 찾아주는 존재로 그리고 때로는 기업이 놓치는 조직에 대한 통찰력을 제공해 줄 수 있는 외부의 비즈니스 파트너로서 말이다.

3장

TALENT
OBSESSION

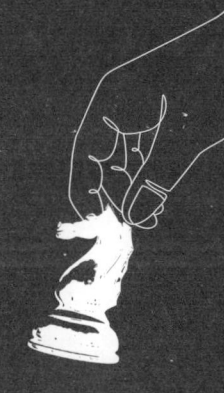

성과 관리는 프로세스다
— 미래 지향 성장을 위한 성과 관리 시스템

마이크로소프트, '왕의 귀환' 비결

지난 대통령선거에서 두 후보 간 공방이 언론에 오르내렸다. 한 거대 정당 대선후보가 제도권 밖에서 새로운 정치를 표방하며 출마를 선언한 다른 후보의 대선 슬로건을 완벽하게 표절했다는 것이었다.

새로운 정치를 표방한 후보가 사용한 '기득권 공화국을 기회의 공화국으로'란 표어를 거대 정당에서 내세운 후보가 '기득권의 나라에서 기회의 나라로'라는 표현으로 베꼈다는 주장이다. 정치 전문가도 아닌 내가 그 진위를 완벽하게 가리거나 판단할 수는 없을 것이다. 다만 정치적 사안과 맥락에 대해서는 왈가왈부할 수 없을지라도, 표절을 주장한 후보의 어필만큼은 시사하는 바가 컸다.

"슬로건은 표절할 수 있지만 철학까지는 표절하지 못할 것"이라는 주장 때문이었다.

'OKR'이라는 말을 들어본 적이 있을 것이다. 'Objectives(목표) and Key Results(핵심 결과)'의 약칭으로, 인텔에서 시작되어 구글을 거쳐 실리콘밸리 전체로 확대된 성과 관리 시스템을 일컫는 별칭이다.

구글이라는 엄청난 영향력을 지닌 세계적 기업이 사용하고 있기 때문에 더 유명해진 면도 있지만 앤디 그로브(Andy Grove) 전 인텔 회장이 처음 고안했다. 종전까지 1년의 성과 관리 주기에서 벗어나 3개월마다 성과를 평가하는 시스템이 큰 개선으로 이어진 것이다.

실제로 웬만한 다국적기업은 명칭만 다를 뿐 'OKR'과 거의 동일한 개념과 철학을 가진 성과 관리 시스템을 사용하고 있다.

공정하고 투명하고 상시적인 성과 관리가 그 어느 때보다 중요한 화두가 되면서 국내 기업들도 이 제도에 점차 관심을 보이고 있다. 또한 MZ 세대로 대변되는 조직의 새로운 중추 세력들이 개인의 성장을 돕는 기업 문화를 매우 선호한다는 점, 포스트 코로나 시대에는 근본적으로 성과 관리의 풍토와 방법이 달라져야 한다는 점에서 경영자들도 주목하고 있다.

그래서 이미 이러한 제도를 도입해서 시행하고 있는 국내 기업들도 적지 않다. 그런데 문제는 실리콘밸리에서 온 'OKR'이 한국의 '테헤란밸리'에서 길을 잃고 심하게 방황하고 있다는 것이다.

내가 근무했던 한 스타트업도 이 제도를 도입해 시행했다. 주변의 많은 스타트업들이 'OKR'을 맹신했듯 아마 우리도 언젠가는 구글, 아마존, 마이크로소프트와 같은 기업이 될 수 있지 않을까 하는 막연한 기대감 때문이었는지도 모른다.

이 제도는 미국 벤처기업 세계의 거물급 투자자인 존 도어(John Doerr)가 인텔에서 일한 경험을 바탕으로 구글 초기에 소개한 것으로 알려져 있다. 현재 구글의 최고경영자이자, 한때 개발자로서 구글의 제품 부문을 이끌었던 순다르 피차이(Sundar Pichai)는 이 제도를 가장 잘 활용해 큰 성공을 거둔 인물 가운데 한 명이다.

이제는 전 세계적으로 대중화에 성공한 웹 브라우저 '크롬'을 처음 만들 때, 그는 '새로운 최고의 웹 브라우저를 만들겠다'라는 심플하지만 가슴 뛰는 큰 목표(Objective)를 설정했다. 그리고 이를 측정할 수 있는 핵심 결과(Key Results)를 고르는 데 고심했고, 3년 안에 1억 명 이상의 사용자를 확보하겠다는 핵심 결과를 정했다.

보너스나 승진, 판에 박힌 평가를 하기 위함이 아니라 회사, 팀, 개인이 탁월한 성과를 올리도록 하는 최고의 경영방법론이자 가슴 뛰는 목표를 설정하고 실행하도록 돕는 가장 강력하고 단순한 무언가로 'OKR'을 선택한 것이다.

그렇다면 우리도 과연 'OKR'을 이들과 같은 개념으로 사용하고 있을까? 유용한 제도가 될 수는 있겠지만 그렇다고 만병통치약은 결코 아닐 테지만 말이다.

결론적으로 다수의 스타트업을 포함하여 이 제도를 도입한 수많은 국내 기업들이 큰 효과를 거두지 못하고 있음을 기억하기 바란다. 그 철학과 내용을 따라갈 자신이 없다면 차라리 국내 실정에 맞는 성과 관리 제도를 선택할 것을 권한다.

우리 리더들이 자꾸 놓치는 진실 하나

리더들이 자꾸 놓치는 진실 하나가 있다. '성과 관리는 프로세스'라는 사실이다. 우리는 여전히 연례나 반기 행사 정도의 '성과(결과) 평가 제도'에 길들여 있다. 그러나 성과 관리는 특정 시점에 시험지를 채점해서 성적을 매기는 '단편적 행위'가 결코 아니다.

일방적인 것이 아닌 조직 전체가 충분히 공감하고 동의한 목표를 설정하고, 최소한 분기별로 한 번 정도는 중간 점검이 이루어져야 한다. 중간 점검에는 구체적인 피드백과 코칭이 따라와야 한다. 그리고 연말에는 발전 지향적인 성과 결과 통보라는 단계가 균형 있게 이루어져야만 한다.

이때 반드시 전제되어야 할 조건이 있다. 개인이건 팀이건 회사 전체 모두가 성장 지향의 문화로 전환되어야 한다. 과거 지향의 성적 평가가 아닌 미래 지향의 성장을 위한 성과 관리를 해야 한다.

내가 근무했던 마이크로소프트도 2014년 새로운 성과 관리 시스템인 '커넥트(Connect)'를 운용하기 시작하면서 첫 일성으로 내세운 것이 성장의 마인드 세트(Growth mind-set)였다.

이와 더불어 내부에서 정치적인 총질만 부추기는 상대평가 제도를 폐지했다. 구성원들의 역량 향상을 통한 기업의 지속적인 성장을 도모했다. 그 결과 '하나의 마이크로소프트(One Microsoft)'를 추구해 나가면서 길고 긴 저성장의 터널을 벗어나 화려한 '왕의 귀환'을 이룰 수 있었다.

세계적인 기업들이 도입했다는 성과 관리 시스템의 텍스트는 누구라도 카피할 수 있다. 하지만 리더들의 세심한 관찰과 기록, 코칭, 투명하고 객관적인 피드백이 수반되지 않는다면 그들의 철학과 효과를 결코 따라갈 수는 없을 것이다.

무엇보다 OKR을 좀 더 객관적인 평가를 통해 성적만 매길 수단으로만 바라보지 않는 것이 좋다.

지금은 무언가 새로운 개념의 성과 관리 시스템을 디자인하고 정착시켜야 할 때임이 분명하다.

첫 직장이었던 H그룹을 떠날 때 우연히 나의 인사고과를 알게 되었다. 인사부 관계자의 입을 통해 '상-중-하'로 구분한 어렴풋하고 애매한 결과를 듣게 된 것이다. 그리고 그제서야 알게 되었다. 내가 결국 이것 때문에 과장 승진에서 탈락했다는 사실을 말이다.

업무 결과를 단순히 점수 매기는 평가(Evaluation)가 아닌 미래 지향적 평가(Assessment)와 피드백이라는 진솔한 충고의 말이 한마디라도 있었다면 그 일을 계기로 좀 더 성장할 수 있지 않았을까라는 생각이 지금도 가끔 든다.

애증이 겹겹이 쌓였던 첫 직장을 떠난 게 벌써 20년도 훨씬 전이다. 그런데 지금까지도 성과 관리 워크숍 등을 하기 위해 국내 기업을 방문할 때면 그 시절 내가 겪었던 일들이 여전히 기업 현장에서 비일비재하다는 사실이 놀랍고 안타까울 뿐이다.

성과 관리는 안 하고 여전히 '고과'만 매기는 우리들의 일그러진 자화상을 이제는 지울 때도 되었다. 가출한 실리콘밸리의 OKR을 하루 빨리 안전하게 귀가시키든, 가슴을 열고 새로운 아이로 입양하든 결단을 내려야 할 것 같다.

미국의 제도에 목을 맬 필요는 없지만, 이제 종합적이고 체계적이고 상시적인 성과 관리 체제로 넘어가야 할 때임은 분명하다.

다수의 관리자들이
애써 외면하고 있는 것

새해가 되면 다이어트나 운동에 대한 다짐으로 신년 계획을 세우는 사람들이 많다. 기업 현장에서도 마찬가지다. 다국적기업의 경우 성과목표 달성 계획과 병행해서 자기 역량 개발 계획도 같이 수립하게끔 한다.

이때 가장 많이 등장하는 계획 역시 운동과 영어 공부이다. 그러나 생각만큼 잘되지 않는다. 다국적기업에서도 초기에 시행착오가 많았다.

아무튼 절대다수의 운동과 영어 공부 계획은 90% 이상이 용두사미에 철저한 실패로 마감된다. '신년부터는 정말 건강을 챙길 거야, 운동도 열심히 해야지!' 다짐을 하며 피트니스센터에 등록한다. 그러나 그걸로 끝이다.

바로 이 지점에서 성공적인 성과 관리를 위한 아주 단순하지만 중요한, 그러나 다수의 관리자들이 애써 외면하고 있는 교훈을 발견할 수 있다.

'열심히 운동하자'라는 모호한 목표 수립은 결국 실패로 연결될 확률이 높다. '주 3회 운동을 하겠다'라는 계획은 그나마 양호한 편이다.

나는 확실히 다이어트를 성공한 경험이 몇 차례 있다. 과중한 업무와 빈번한 회식 그리고 순간의 방심, 나이 등등의 이유로 과체중이 되고 건강 지수에 적신호가 온 적이 몇 차례 있었다. 내가 다이어트에 성공한 첫 번째 이유는 다이어트를 해야 할 확실한 동기와 이유가 있었다는 것이다. 이대로 가다가는 큰일이 나겠다는 위기감이었다.

이 목표가 왜 중요하고, 달성해야 하는 이유가 무엇이고, 어떤 의미가 있는지에 대한 대답이 명확해지면 사람은 움직일 수밖에 없다.

그다음으로는 운동 목표를 수립할 때 '동사'와 '결과 중심'의 목표 기술을 했다는 것이 성과 달성의 핵심 요인이 되었다고 생각한다.

즉, 구체적인 운동 시간, 운동 종목, 시행 횟수까지 정해놓는 것이다. 한 걸음 더 나아가 결과론적으로는 언제까지 어느 수준까지 도달한다는 '측정이 가능한' 목표까지 선명하게 명시해 놓는다. 운동선수들이 언제까지 어느 정도의 기록에 도달하겠다는 목표를 세우는 것과도 비슷하다.

올 연말까지는 팔 굽혀 펴기를 쉼 없이 완전한 동작으로 50회 이상 한다든지, 체중을 얼마까지 줄이겠다고 구체화하는 것이다. 이는 영어 공부에도 적용될 수 있다. 신년 목표로 영어 공부를 정하고 나면, 일단 어학원에 등록하고 주 3회 이상 빠지지 않고 열심히 수업을 듣겠다는 결심을 하는 게 전부일 것이다. 그 결심만으로 영어 공부가 가능하다면 대한민국 모든 직장인은 이미 원어민 수준의 영어를 구사하고 있어야 할 것이다.

나의 경우 일단 딱 한 가지를 실천하기로 했는데, 그것은 특별한 경우가 아니라면 모든 메모는 영어로 하는 습관을 만들자는 것이었다. 처음엔 엄청 힘들었는데 20년이 지난 지금은 영어 메모와 우리말 메모의 속도가 거의 비슷한 수준이다. 하루에 영어 이메일 한 통 꼭 쓰기, 올 연말까지는 내 힘으로 영어 업무 회의를 진행하는 수준까지 도달하기 등 구체적인 목표를 수립해야 달성할 수 있다.

'스마트한' 목표 수립의 방법

비즈니스 목표 수립도 별반 다르지 않다. 단순하지만 중요한 이 목표 수립의 방법을 이제 비즈니스 현장에 적용할 수만 있으면 된다.

그러나 문제는 여전히 많은 리더들이 목표를 구체적이고 도전적으로, 그러면서도 현실적으로 수립하는 데 크게 신경을 쓰지 않는다는 것이다. 한마디로 성과 관리의 목표는 스마트(SMART)하게 세워야 한다. 그러나 의외로 스마트의 의미를 잘 모르는 리더들이 많다는 것을 성과 관리 워크숍이나 특강을 진행해 보면서 알게 되었다. 일단 용어 자체를 모르는 이들도 꽤 있고, 안다고 해서 간단한 스마트 목표 수립 연습 문제를 내주면 대부분 여전히 어려워한다.

　스마트한 목표 수립이란 목표를 구체적이고(Specific), 측정 가능하고(Measurable), 행동 중심으로(Action-oriented), 현실적으로(Realistic), 그리고 마감 시한이 있게(Time-bound) 수립하는 것을 의미한다.

　구체적이라는 것은 앞서 다이어트와 영어 공부 사례를 통해서 소개한 것과 동일하다. 중요한 것은 그러한 목표들이 모두 측정이 가능해야 한다는 것이다. 경영학의 아버지라고 불리는 피터 드러커(Peter Ferdinand Drucker)는 '측정하지 못하는 것은 달성하지도 못한다'고 했다. 더불어 행동 중심으로, 현실 속에서, 마감 시한이 있는 목표 설정은 필수적인 요소가 될 수밖에 없다.

　지금까지 효과적인 성과 관리를 위한 스마트한 목표 수립과 측정에 대해서 말했지만, 마지막으로 절대 빠뜨려서는 안 될 것이 하나 더 남아있다. 바로 관리이다. 성과 관리에 '관리'라는 단어가 붙어있듯이 목표를 수립하고 이를 달성하기 위한 실행계획을 추진하고 그를 측정하고 있다면 마찬가지로 정기적으로 진도가 잘 진행되고 있는지를 관리해야 한다. 단순히 결과를 측정하는 것 그 이상의 개념이다. 측정이 표면적으로 과거 지향적인 것이라면, 관리는 완전히 미래 지향적인 것이다.

목표도 잘 세웠고 열심히 실행계획을 추진했는데 결과가 원하는 만큼 나오지 않는다면 리더로서 어떻게 할 것인가?

목표를 바꾸거나 낮추어야 하는가?

물론 초반에 세팅이 잘못된 경우라면 이런 자기부정과 궤도 수정도 필요하다. 그러나 실행방법이 가장 적절한 것인지에 대한 고민을 시작해야 하고, 그 목표 달성을 하기 위해 분투하는 구성원들을 제대로 지원해 주고 있는지도 점검해 볼 수 있어야 한다. 이 모든 것들이 관리에 해당한다.

독일의 한 다국적기업 글로벌 본사에 근무할 때, 정치적 소용돌이 속에서 일방적으로 근로계약이 파기되어 본국으로 조기 귀환하게 된 적이 있었다. 곱지 않은 시선으로 나를 봐왔던 독일인 보스는 내게 최악의 평가 등급을 매겼다.

그러나 연초에 명확한 목표 설정도, 그에 대한 평가 방법도 합의되지 않은 상태에서 이런 최악의 등급을 주고, 그것을 빌미로 상여금도 주지 않는 것은 부당하다는 나의 어필이 최고 경영진에게 수용되었다.

논리적이기로는 세계에서 첫손 꼽힌다는 독일인들이 나의 논리에 한 방 먹은 셈이다. 성과 관리에 대한 논란과 도전은 늘 존재한다.

국내 대기업도 점차 그런 추세라고는 하지만, 다국적기업 현장에서는 성과 관리 결과에 불복하여 이의를 제기하는 일이 발생하여 인사부가 중재에 들어가는 경우가 종종 발생한다.

사건의 뿌리를 추적해 들어가면 대개는 두 개의 원인으로 귀결된다. 첫 단추인 목표 수립 단계에서 명확히 교통정리가 되지 않는 것과 관리자의 상시적인 커뮤니케이션 부재가 바로 그것이다. 충분히 공감도, 동의도 되지 않은 목표, 무엇보다도 정확히 측정하고 평가할 수 없는 목표를 세우기에 우리는 번번이 성과 관리에 실패하는 것이 아닐까?

측정해야 평가를 할 수가 있고 그런 후에 제대로 관리가 들어갈 수 있다는 것을 다시 상기해야 한다.

보상 제도에 숨어있는 인간의 심리

구성원들이 해달라는 대로 다 해주면 그들은 조직을 좋아할까?

해달라고 하지 않은 것조차 구성원을 아끼고 돌봐 주어야겠다는 마음에서 알아서 다 해주면 그들은 더 좋아할까?

경영진과 대표이사에게 감사하는 마음으로 헌신하며 일을 하게 될까?

아쉽게도 물론 그럴 수도 있지만 그렇지 않을 가능성이 더 높다. 혹시 그럴 것이라는 기대를 했다면 보상 제도에 숨어있는 인간의 기본적인 심리를 제대로 이해하지 못하는 것일 수 있다.

구성원을 존중하고, 헤아리고, 배려하지 말라는 뜻이 절대 아니다.

어느 기업이 초기의 어렵고 불확실한 터널을 지난 후에, 한날 한시에 전 임직원들의 기본 급여를 50% 이상 파격적으로 인상했다. 시장에서 소문이 나고 부러움의 대상이 되었다.

그러나 시간이 지나도 기대한 만큼 좋은 이야기가 들려오지도 않았고, 조직의 분위기도 특별히 좋아지지 않았다. 오프라인으로 만난 지인들의 이야기나 인터넷상의 피드백에서도 이 기업에 대한 부정적인 이야기들이 만만치 않다는 것을 알게 되었다.

사실 그리 놀랍지 않은 지극히 자연스러운 현상이다. 우선 매력적인 급여와 다채롭고 풍성한 복지정책을 펼친다고 해도 구성원들의 조직에 대한 충성과 헌신으로 바로 연결되지는 않는다.

이러한 프로그램은 대체적으로 그들의 불만을 누그러뜨릴 뿐이다. 그러니 왜 경쟁력 있고 매력적으로 보이는 보상 제도를 수립하고 운영하려고 하는지에 대한 심플한 목적과 원칙을 분명히 해야 한다.

그러나 심플하고 명확한 목적과 원칙을 갖고 프로그램을 디자인하고 시행하는 것만이 전부가 아니다. 그들 눈높이에 맞는 목적과 명분으로 이해시키고 커뮤니케이션해야 한다. 구성원들이 진짜 무엇을 원하는지, 조직을 위해 그것을 어떻게 구현할 수 있는지 고민해야 한다. 조직 전체의 큰 틀 안에서 말이다. 더욱 중요한 것은 프로그램 시행에 있어 '최적의 타이밍'을 놓친다면 경영진의 호의와 고민과 투자는 기대 이하로 평가 절하될 수도 있다는 점이다.

이것이 보상과 복리후생 프로그램의 속성이라는 것을 잊지 말아야 한다.

혼란을 줄이는 최소한의 가이드 라인

기업 경영자들, 특히 스타트업이나 중소기업 경영자들을 개별적으로 만나보면, 이들의 심정과 고민은 대체로 비슷하다. 나오는 이야기도 거의 동일하다.

"우리 회사 규모가 이전보다 커져서 이제 체계를 좀 잡아야 할 것 같습니다. 특히 제대로 된 급여나 보상 제도 등을 세팅해야 할 것 같아요."

지극히 자연스럽고 올바른 사고이다. 그런데 이런 체계를 잡기 전에 앞서 말한 사항을 반드시 생각해봐야 할 것이다. 물론 처음부터 완벽하고 세부적으로 다 갖출 수는 없다. 그렇지만 적어도 큰 틀은 만들어 놓아야 한다. 특히 철학과 원칙은 절대 놓치지 말아야 한다. 대개의 구성원들은 이 점을 붙들고 늘어지면서 불만을 토로할 수 있다. 꼭 임직원들 때문만은 아니다.

철학과 원칙이 무너지면 결국 이리저리 흔들릴 수밖에 없기 때문이다. 결국 기업 고유의 색깔도 없고 명분도 없어진다.

그럼 어떻게 접근하면 좋을까? 우선 핵심 리더들과 함께 급여나 인센티브 등으로 대변되는 보상 정책의 지향점을 한두 페이지로 명확히 기술해 볼 것을 권한다.

내가 근무했던 모든 다국적기업을 포함해서 절대다수 유수의 글로벌 기업들은 나름대로 이런 원칙을 정리해서 계속 실천하고 점검해 나가고 있다. 몇 개 기업의 예를 살펴보자.

"우리는 구성원들이 일을 가장 잘 할 수 있도록 보상해 주는 근무 환경을 조성하는 것이 결국 비즈니스의 좋은 결과를 이끌어낸다고 믿는다. 우리의 목적은 그들 커리어의 기간 전반에 걸쳐 최고의 성과를 내는 구성원들에게 최고 수준의 급여와 복리후생 제도를 시행함으로써 핵심 인재를 영입하고 유지하는 데 있다."

이 말은 지극히 자본주의적이고 미국적인 사고와 철학을 대놓고 드러낸다. 즉 대한민국 청년들이 그토록 일하고 싶어 하는 초일류의 다국적기업들이 초지일관 강조하고 있는 '성과에 따른 보상(Pay for performance)'이라는 철학과 원칙인 것이다.

유럽 기업의 사례를 하나 더 살펴보자. 이 회사는 독특하게도 구체적인 숫자로 철학을 기술하고 있다.

"우리는 우리 구성원들 총량의 급여 보상 수준이 동종업계 시장에서 상위 25% 이상을 유지하는 것을 목표로 한다."

여기서 이들이 말한 '총량의 급여 보상 수준'이라는 것은 쉽게 말해서 기본급과 상여금(인센티브) 및 현금으로 계산될 수 있는 복리후생 프로그램 금액의 총합을 뜻하는 것이다.

물론 이들도 목적은 좋은 인재를 끌어들이고 유지하는 데 두고 있고 성과에 따라 보상한다는 명확한 철학을 견지하고 있다. 이러한 간단하지만 분명한 원칙과 철학 하에서 이를 구현하기 위해서 하위 수준의 시행 원칙을 강조하기도 한다.

이를테면, 탁월함(시장에서의 리더 위치), 차별화된 프로그램, 관리자 책임주의(관리자가 구성원을 제대로 발전 지향적으로 평가하고 그것이 숫자로 건강히 표현되어 현금 및 기타 보상으로 이어지도록 책임져야 함), 시장에서의 경쟁력 등이 이에 해당된다.

중소기업도 이런 짧지만 의미 있는 원칙을 정해두면 좋다. 기업이라면 사훈도 있고, 비전과 미션에 핵심 가치까지 있지 않은가?

가정에도 가훈이 있으니 이런 철학을 정리해두는 것은 혼란을 줄이는 최소한의 가이드라인이 될 것이다. 이와 함께 직무·직급별로 성과와 연동되는 합리적인 급여 테이블을 만들고 이를 잘 운영하고 적절한 시간을 두고 업데이트도 할 수 있다면 더욱 효과가 있을 것이다. 물론 처음부터 완벽할 수도 없고, 굳이 그럴 필요도 없다.

그 시작은 다소 미흡하더라도 관련 업계 담당자와 협업해서 미니 서베이 등을 해보고, 물가지수나 경제성장률, 한국경영자총연합회의 당해 연도 임금 인상에 대한 입장, 주요 노동 기관의 입장 등을 참조한다면 논리와 근거를 더 분명히 갖출 수 있다.

보상 제도의 원칙과 철학을 이야기할 때 좀 더 당당해지는 경영자들을 더 많이 만나게 되기를 기대해 본다.

리더가 성과 관리와 보상 정책에
둔감해질 때

 인사와 조직 관리에 대해서 이야기할 때, 가장 먼저 강조하는 것이 있다.
 바로 인력 선발에 관한 것이다. 인사조직 관리의 첫 단추이기 때문이다.
 이 첫 단추가 잘못 채워지면 그 이후론 아무리 열심히 해도 벌어진 간극을 줄이기 어렵다. 그렇다면 그다음으로 중요한 것은 무엇일까?
 이견은 있겠지만 나는 성과 관리와 보상 정책이라고 힘주어 말한다.
 이것을 잡지 못하면 민심이 급격하게 이탈하기 때문이다. 우선적으로는 핵심 인재 유출의 가능성이 높아진다. 뒤이어 약화된 경쟁력 때문에 새로운 핵심 인재 영입에도 걸림돌이 생기는 연쇄 반응이 충분히 일어날 수 있다.

성과 관리와 보상 문제라는 것은 구성원들에게는 결코 쉽게 넘길 수 없는 중대한 사안이기 때문이다.

직장 근속연수가 6년도 되지 않는 한 정치인의 아들이 직장에서 수령한 퇴직금과 산재보험료 액수를 두고 우리 사회 전체가 요동쳤다. 법령과 인사 관리상 수십 년간의 누적된 숱한 전례와 상식 등 모든 것에 있어 전혀 납득되지 않기 때문이다. 오직 회사와 당사자만이 합법적이라고 할 뿐, 대한민국을 넘어 글로벌 시민들의 관점에서도 말도 안 된다고 주장하는 사건이 되었다.

대리 직급의 한 사원이 퇴직하면서 받은 금액이 무려 50억 원이나 되었기 때문이다. 젊은이들은 물론이요, 전 국민을 허탈과 분노의 늪에 빠뜨린 사건이다. 대한민국이 완전한 신분제 사회로 다시 회귀했다고 비아냥거리는 사람들도 있다. 동시에 이 사건은 우리에게 아주 중요한 메시지를 전달했다. 납득할 수 없는 급여 보상은 좌절을 넘어 우리 모두를 분노하게 한다는 것이다.

이번 장의 주제는 기업의 성과 관리와 그에 따른 보상 정책이다. 구성원들은 유독 성과 관리와 보상 정책 결과에 민감하게, 아주 민감하게 반응한다. 업종 불문하고, 남녀 불문하고, 직급 불문하고 말이다.

그토록 점잖은 고위급 임원과 최고경영자조차 이 점에서는 전혀 쿨하지 못하고 자유롭지 못하다. 상시적인 구조조정 속에서도, 극도의 고용불안의 경영 환경 속에서도 침묵할 수는 있지만, 자신의 성과평가와 보상 -연봉 인상과 승진 결과- 결과는 절대 '좌시'하지 않는다. 눈곱만큼이라도 부당한 것이 있다고 생각되면 어떤 형태로든지 항거한다.

고용불안과 구조조정의 먹구름이 드리울 때도 조용히 있던 임직원들이 성과 보상과 퇴직금 문제가 명쾌하게 해결되지 않자, 노조를 만들자고 논의하고 결의했다는 '소문'도 심심치 않게 들려온다.

이유는 간단하다. '돈'이 걸려있기 때문이다. 그냥 한두 푼이라는 돈의 액수가 아니라, 쉽게 흘려보낼 수 없는 '성격이 완전히' 다른 금전이 걸려있기 때문이다.

승진과 직급은 자녀 학자금, 주택자금 대출, 회사 법인 승용차 이용, 주유비, 휴대전화 사용 요금 등 이런저런 복리후생 프로그램과도 연동되어 있다. 다음 단계의 커리어뿐 아니라, 향후 전체 커리어에도 영향을 줄 수 있다.

결국은 직·간접적으로 우리 인생 전체에 영향을 미칠 수도 있다는 의미이다. 그래서 그렇게 민감하고 예민하게 펄쩍 뛸 수밖에 없는 것이다.

이런 프로그램의 운영과 추이를 경영진과 핵심 리더들은 당사자들만큼, 혹은 그들의 눈높이에서 바라보고 있는 것일까? 대부분은 '아니다'라고 하는 것이 좀 더 솔직한 답이다.

구성원들을 쪼아 대면서 눈앞의 실적 달성에는 민감하지만 여전히 다수의 리더들은 성과 관리와 보상 정책에 무심하다. 성과 관리 시스템이라는 과정의 끝에는 필연적으로 성과 결과와 그에 따른 보상의 결과가 따라오는 것임에도 말이다.

때로 '가장 한국적인 조직력이 가장 세계적인 재앙'이 될 수도

그러나 절대다수의 구성원들은 논공행상(論功行賞)에 따라 상대적으로 보잘 것 없어 보이는 자기 몫의 보상 그 자체만으로 불만을 품지는 않는다. 대개는 평소의 프로세스와 커뮤니케이션 방식에 더 허탈감을 느끼고 분노할 것이다.

모든 것은 성과 관리라는 '제도'로부터 시작한다. 승진했는가, 승진하지 못했는가, 급여가 전사 평균치 이상으로 인상되었는가, 그 이하인가, 팀장이 되었는가, 되지 못했는가 하는 결과 자체 이전에 중요하게 챙겨야 할 개념과 분명한 관리 프로세스를 우리가 놓치고 있다는 뜻이다.

이를 놓치고도 어쩌면 한두 해는 실적 달성이 가능할 수도 있을 것이다. 그러나 지속적인 성장에는 이내 빨간 불이 들어올 수밖에 없다. 채찍만 갖고 조직을 이끌어가는 것은 반드시 한계에 봉착할 수밖에 없다. 그렇다고 모든 사람이 다 만족스럽도록 넉넉히 연봉을 인상해주고, 승진시켜줄 수도 없는 노릇이다.

다국적기업의 외국인 CEO들이 한국지사에 부임하면서 가장 놀라는 것이 하나 있다. 바로 조직력이라 불리는 우리 기업의 묘한 문화이다.

조직력은 상사의 지시와 동시에 구성원 모두를 일사불란하게 움직이도록 한다. 높은 충성심을 보이며, 때로는 자신을 희생하면서 조직에 녹아들어 간다. 더욱 놀라운 것은 성과평가나 승진 결과에 대해 불만을 표출하던 팀원도 어느 순간, 이 조직력에 의해 순종하며 일상으로 돌아온다는 것이다.

'가장 한국적인 것이 가장 세계적이다'라는 말을 우리는 종종 한다. 문화, 스포츠, 한국인의 우수한 두뇌 등 참으로 많은 한국 고유의 것이 세계무대에 영향을 미치는 것을 목격해왔다.

그러나 이젠 평가, 승진 등을 포함한 보상의 결과를 받아들이지 못하는 직원들에게 술 한잔 사면서 호형호제 하며 어깨 한번 두드려주면서 퉁 처버리는, 가장 한국적인 스타일은 멀리해야 할 세상에 또한 살고 있다.

적어도 성과 관리 사이클에 있어서는 '가장 한국적인 것은 가장 세계적인 재앙'이 될 수도 있다는 것을 기억해야만 한다. 경영진과 리더들이 원칙과 철학을 갖고 성과 관리와 보상 정책 과정에 오너십을 확보해야 한다. 리더가 성과 관리와 보상 정책에 둔감해질 때 엄청난 화(禍)는 곧 닥치기 마련이다.

리더가 꼭 해결해야 하는 세 가지 난제

앞서 강조한 철학과 원칙을 가지고 교과서대로 충실히 성과 관리 프로세스를 구축하고 수행한다면 어떤 현상들이 나타날까?

분명히 이전보다는 훨씬 더 제도가 잘 정착되고, 구성원들의 불만도 확연히 줄어들 것이다. 그럼에도 불구하고 '뚜껑 열리게' 하는 이슈는 잊을 만하면 한 번씩 터질 것이다. 하늘을 우러러 한 점 부끄럼 없을 정도로 지금까지 나온 모든 것을 성실하게 실천했다고 하더라도 말이다.

왜? 무엇이 잘못되었기에?

우리 모두는 사람이기에 부지불식간에 놓치는 것들이 있을 수밖에 없고, 서로 오해가 생길 수도 있다. 그러니 어떻게 해도 문제는 늘 발생하게 마련이다.

항상 우리 앞에 기다리고 있는 것들

근본적으로 비즈니스는, 또 인생은 늘 기대하고 예상한 대로, 교과서대로 되지 않는다. 그렇기에 특히 리더들은 교과서대로 되지 않는 상황 가운데 가장 치명적일 수 있는 몇 가지 난제에 대해서 항상 예측하고 해결책을 준비하고 있어야 한다.

소위 리더가 해결해야만 할 성과 관리의 세 가지 난제는 항상 우리 앞에 기다리고 있을 것이다.

첫 번째 난제는 수립된 사업 목표(성과 관리)를 받아들일 수 없다는 저항은 수시로 존재한다는 것이다. 기업의 사업 목표는 대부분 경영진의 의중이 가장 많이 반영되어 결정되기 마련이다. 그렇다면 직원들로 하여금 사업 목표를 고민하고 결정하게끔 하면 이 문제가 없어질까?

현실성이 떨어지는 해결책이다. 저항하는 포인트는 그들이 함께 참여하고 의사 결정하는 과정과 밀접하게 맞물려 있다. 대부분의 경우 회사의 목표는 구성원들의 참여 과정 없이 일방적으로 전달된다.

국내 굴지의 한 그룹에서 진행하는 팀장 연수의 한 파트를 맡아 목표 수용을 거부하는 구성원들을 설득시켜야만 하는 역할 연기를 시켜본 적이 있다.

놀랍게도 수십 명의 팀장 중에 극소수를 제외하고는 이 상황에 자신 있게 대처하는 이를 발견할 수 없었다.

그들이 고작 한다는 말이라곤 '내 입장도 좀 이해해달라'는 하소연과 '우리가 바꿀 수 있는 게 아니잖냐'는 체념, 그리고 '언젠가 너도 팀장이 될 텐데 빡빡하게 굴지 말라'는 협박 혹은 '나가서 술이나 한잔 하자'는 얼버무리기가 전부였다. 이것이 우리의 현실이다.

비록 톱-다운으로 내려오는 것이 경영 목표라고 하더라도 상호 토론과 의사결정 과정에 참여하는 장을 만들어주는 것은 필수이다.

먼저 가장 큰 그림을 보여줌으로써 그것을 달성하기 위해서 소속 본부나 팀에서 그리고 개인 차원에서 무엇을 달성해야 하는지 인식할 수 있는 여건을 조성해 줄 필요가 있다.

그 과정이나 커뮤니케이션 과정에서 회사의 입장에 반발이 있는 경우는 왜 이럴 수밖에 없는지, 회사의 비전이나 미션 등 큰 그림의 파생적 의미, 그리고 그 비전 등을 달성하기 위해서 향후 몇 년 내 얼마의 목표를 달성해야 할지를 역산해서 보여주는 것도 하나의 방법이 될 수 있다. 시장의 추이, 경쟁업체의 최근 몇 년 간의 성장 추세도 보여주면 좋다.

그럼에도 받아들이지 않는 경우라면, '나는 이게 최선의 합리적 안이라고 믿는데, 그럼 내가 놓치고 있는 부분도 반영해서 더 나은 제안을 가져올 수 있다면 시간을 줄 테니 제시해 보라. 그 의견이 타당하다면 경영진에게 다시 보고를 해보겠다'라는 식의 이야기도 효력을 발휘할 수 있다.

그다음 난제는 반기나 회계연도 말에 최종적으로 부여된 성과평가 결과를 받아들일 수 없다는 구성원들의 저항이다. 이는 앞으로 더 빈번히 발생할 수 있는 것이다. 이런 경우에는 성과 관리의 첫 단추인 원점으로 다시 돌아갈 수밖에 없다.

다수의 경우는 자신이 약속한 목표를 충분히 달성했다고 주장을 한다. 사전에 관리자와 구성원 상호 간의 합의한 '목표와 이에 대한 측정지표'가 정리되어 있다면, 이 문제의 해결은 생각보다 복잡하지 않을 것이다.

내가 현장에서 경험한 이런 문제는 과반수가 서로 다르게 이해하고 있기 때문이었다. 즉, 자신이 보고 싶고 생각하고 싶은 대로 해석하는 경향이다. 단순히 내가 해야 할 일은 펑크 내지 않고 다했다는 것이 결코 100점짜리 목표 달성을 의미하지 않는다는 것을 근거를 들어 명확히 짚어 줄 수 있어야 한다는 것이 핵심이다.

그러나 정량적, 정성적 목표를 모두 다 달성했음에도 조직 내에서의 '등급 강제 분포 제도'나 '제한된 승진 자리' 때문에 자신이 받을 몫을 받지 못하는 근본적 한계가 있다면 대안을 생각해 볼 수도 있다.

냉정한 이야기지만, 회사가 놓쳐서는 안 될 인재가 이런 불상사의 주인공이라면 제도 내에서 그 사람을 다독이고 잡을 수 있는 작은 당근이라도 주는 것은 나쁘지 않다.

그러나 '내로남불'식 혹은 과도한 자아도취적 평가 기준에 빠져, 결과를 수용하지 못하는 사람의 반발은 다른 이야기이다. 이런 부류의 사람들을 끝까지 납득시키기 위해 2, 3차 마라톤 회의까지 하는 골머리는 앓지 말자.

그냥 담담하고 쿨하게 "유감스럽지만, 이것이 나와 회사의 공식적인 입장이다. 내년에는 이런 일이 재발하지 않도록 촘촘한 관리와 의사소통을 해보자"라는 메시지만 정확히 전달하고 종결하는 것이 낫다.

마지막 난제는 성과 달성이나 성과 진전이 계속 지지부진한 저성과자 관리에 대한 것이다. 이런 문제가 곪아 터질 때까지 방치하는 것은 직무유기이다.

그렇다면 성과가 부진한 구성원에게 취할 수 있는 해결 방법에는 어떤 것들이 있을까? 다국적기업에서는 성과 관리 개선 프로세스(PIP; Performance Improvement Process)라는 집중 관리 제도가 있다.

대개 6개월에서 1년 정도 집중 관리해서 성과를 높이는 방법이다. 문제아가 개과천선할 수 있다면 얼마나 좋을까? 하지만 현실은 생각처럼 쉽지 않다. 다른 방법으로는 타 부서나 다른 계열사에서 새로운 직무를 맡겨보는 것이다.

보통 재배치(Re-deployment)라고 부른다. 성공하는 경우도 있지만, 이 역시 쉽지는 않다. 확률적으로 다국적기업에서 가장 높은 비중을 차지하는 해결책은 서로 '완전히' 이별하는 것이다. 이별하게 된 직원의 재기를 위한 적절한 지원과 전직 지원 프로그램 등 체계적인 서비스가 뒷받침될 수만 있다면, 그저 '좋은 게 좋은 거'라며 문제를 회피하고 덮으면서 조직 전체의 역량을 하향평준화 시키는 것보다는 훨씬 나은 선택이라는 게 개인적 의견이다.

비행 청소년들은 날 때부터 비행 청소년이었을까? 누군가, 관심을 갖고 시간을 투자해 주어야 할 그 누군가가 다소 귀찮고 까다롭다는 이유로 관심도 시간도 주지 않았기 때문에 그렇게 된 경우가 많지 않을까?

관심과 시간을 투자하면 문제는 대체적으로 풀리기 마련이다.

지금까지 꼽은 성과 관리의 세 가지 난제도 태생적으로 난제는 아니었을 것이다. 많은 리더들이 관심을 갖지 않고, 시간 투자도 하지 않고, 마냥 덮어 두었기 때문에 어느 순간 애물단지로 전락해버린 것이다.

이제는 의식적으로 관심을 갖고 문제를 풀어나가야 할 때이다.

핵심은 역시 적시에 개입하는 리더의 효과적인 커뮤니케이션이다. 그러나 마이크 독식은 금물이다. 질문을 해 그들이 적극적으로 개입할 수 있는 문을 열어주어야 한다.

피드백 세션과 결과를 리뷰할 때는 중간중간 핵심적인 질문을 던지면서 구성원 스스로가 세부 목표를 다시 정확히 짚어보고 그간 수행해온 진도와 성과를 브리핑할 수 있도록 내버려 두기도 하자.

목소리 높여 자신은 할 만큼 했고, 이 등급은 안 된다고 일방적으로 주장하는 구성원에게 '당신이 생각하는 당신의 가장 적절한 평가 등급은 무엇이고, 어떤 근거로 그렇게 생각하는가?'라는 질문도 던져보자. 그것만으로도 난제 탈출의 훌륭한 신호탄이 될 수 있을 것이다.

4장

TALENT OBSESSION

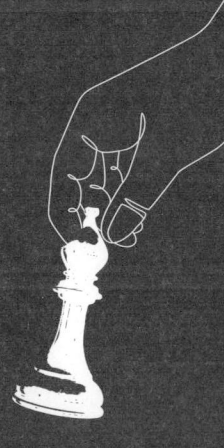

명분과 실리를 함께 챙기는
문제 해결 의사결정의 법칙

어깨에 힘주고
형님 노릇 하려는 리더들에게

 벌써 17년 전의 일이 되어버렸다. 이제는 웃으면서 무용담처럼 이야기할 수 있지만 당시에는 참 막막했다.

 굴지의 다국적 식음료 회사에 근무할 때였다. 어느 날 전국 주요 도시에서 열심히 일하고 있다고 생각했던 각 지역 영업지점장과 본부장들이 대전 지사로 모두 '집결'했다. 결연한 모습으로.

 그 자리에서 그들은 일괄 사직서를 제출했다. 회사의 직원 채용과 관련해 본인들의 의사가 관철되지 않으면 더 이상의 직무수행을 하지 않고 즉각적으로 회사를 떠나겠다는 메시지를 전해왔다. 영업부 인턴사원의 정규직 전환 이슈가 발단이 된 사태였다.

회사는 전국의 영업을 활성화하기 위해 상당수의 인턴사원을 6개월 계약으로 채용했다. 그런데 계약이 종료되는 시점에서 단 한 명도 정규직 전환이 되지 않았다.

'뭔가'를 해야 했던 매니저들은 그들을 대신해서 '항거' 한 셈이었다. 인사 담당자인 나는 나대로 '뭔가'라도 해서 사태를 수습해야 하는 형편이었다.

급히 인사총괄 임원에게 보고하고, 혈혈단신 대전으로 내려갔다. 표면적으로는 정규직 전환 인원이 '제로'라는 것이 문제였다. 아무리 계약직 인턴이라 해도 반 년을 고생시키고 단 한 명도 정규직으로 전환하지 않는 것은 너무 심한 처사라고 그들은 말했다.

그러나 문제의 본질은 결코 그것이 아니었다.

공식적으로 회사는 처음부터 6개월 인턴십이 끝나면 정규직으로 전환하겠다는 약속을 한 적이 없었다. 그럼에도 현장의 영업 매니저들은 인턴들에게 '열심히 하면 충분히 정규직이 될 수 있다'라는 메시지를 수시로 흘렸다.

회사와는 엄청난 입장 차이가 있다.

한국 사회에서, 그것도 '상명하복'이 강한 영업 조직에서 '형님 리더십'으로 조직을 끌고 가던 그들에게는 '영 체면이 서지 않는' 일이 되어 버린 셈이다. 평소에 '아무 걱정 말고 일만 열심히 하면 된다'라고 그렇게 큰소리쳤는데 말이다.

그날 밤까지 20명 가까운 영업 매니저들에게 둘러싸여 험악한 분위기에서 이야기를 해야 했다. 처음에는 큰소리가 서로 오고 갔지만, 오랜 격론 끝에 사태는 일단락 났다.

명분과 실리, 두 가지 사이에서

물론 나는 인사를 책임지는 사람도, 회사의 CEO도 아니기에 어떤 명확한 약속을 하지는 못했다. 다만 그들이 받았을 충격을 완화하면서 긍정적인 재협상 테이블로 나가는 출구를 열어놓을 수 있었다.

나는 우선 다시 한번 회사의 입장을 명확히 했다. '회사는 6개월 인턴십이 끝나면 정규직으로 전환하겠다고 약속한 적이 없다, 그런 메시지가 나간 근거를 제시해 보라, 다만 회사는 6개월의 인턴십이 끝난 후에 성과가 뛰어난 인턴들에게는 정규직으로 지원해 볼 수 있는 기회를 줄 수 있다고 이야기했을 뿐이다, 그러나 아쉽게도 뛰어난 성과를 낸 인턴사원을 아직까지 발견하지 못했다'고 말이다.

영업 매니저들의 입장에서는 분통이 터졌겠지만 '팩트' 차원에서는 나의 논지를 반박할 근거가 없었다.

그런 다음 중간 지점에서 제3의 안으로 갈등을 풀어보자고 제안했다. 당신들이 동의해 준다면 어떤 식으로든지 회사 경영진에게 보고해서 다음 단계가 진행될 수 있도록 결과를 만들어 보겠다고도 했다. 사실 이런 제안이 매우 위험할 수도 있다고 생각하지만, 회사와 매니저들 양자에게 공히 명분과 실리를 만들어 줄 수 있기 때문에 경영진 역시 거절할 이유가 없을 것이라고 확신했다.

새로운 안이란, 합리적인 전형 절차-일종의 구조화된 역량 인터뷰와 지난 6개월간 인턴십 경험을 바탕으로 한 시장조사 프레젠테이션이라는 어세스먼트 센터를 말한다. 이를 통하여 정규직으로의 업무 수행이 가능한 역량과 잠재력을 갖춘 인턴은 정규직으로 전환하겠다는 내용이었다.

예상했던 대로 회사 경영진을 큰 어려움 없이 설득시킬 수 있었다. 문제는 영업 매니저들이었다. 현장에서 몸으로 뛰었던 영업 인턴들은 이런 평가 방법과 분석, 발표에는 영 문외한이라는 것이다. 여기에 덧붙여 영업 현장에서만 잔뼈가 굵은 매니저들은 인턴들이 좋은 평가를 받을 수 있도록 지도하고 코칭하는 일이 몸에 맞지 않는다고 하소연했다.

막판 진통은 영업지점장들에게 문제의 본질과 리더의 신뢰성 회복이라는 화두를 냉정하게 던져 줌으로써 풀 수 있었다.

감정적으로 나오는 매니저들에게 나는 의도적으로 자존심을 건드리는 메시지를 던졌다.

"참으로 딱하고 답답하다"라고 냉정한 발언을 전략적으로 뱉었다. 그리고 "이번 일로 제대로 구겨진 당신들의 체면은 리더들이 정확하고 책임 있는 커뮤니케이션을 하지 못한 것에서 기인했다"는 점을 정확하게 짚어주었다. 정규직 전환 같은 민감한 사안에 대해서 정확하면서도 다소 보수적인 입장을 견지했어야 하는데, 소위 '공약(空約)'을 날린 셈과 같다고 말이다.

리더의 역할은 어깨에 힘주고 형님 노릇 하는 것이 아니라, 문제의 본질을 제대로 보고 해결안을 제시해 주는 것이라는 쓴소리도 했다.

그리고 무엇보다 '똥고집'을 부리고 무력시위를 하면 구겨진 체면이 조금은 펴질 수도 있겠지만, 진짜 리더로서의 위상은 부족한 인턴들을 제대로 가이드하고 코칭해서 이 시험을 통과해서 정규직으로 만들어 줄 때라야 제대로 설 수 있을 것이라 힘주어 말했다.

'우리는 영업직이기 때문에 이런 것은 잘 못한다'라는 메시지가 반복될수록 당신들 스스로를 정리해고 대상 1순위로 만드는 꼴이라는 뺨 맞을 소리까지 거침없이 내던졌다.

결과적으로 그들은 고맙게도 회사의 제안을 수용했고, 이후 열심히 후배들을 지도해 주었다. 그 과정 속에서 나와 계속 소통하면서 이런저런 전형 절차를 준비하고 성공적으로 패스할 수 있는 노하우를 얻기도 했다.

나중에는 심사 리허설 한번 해달라는 부탁까지 한 이들도 있었다. 그 결과 적지 않은 수의 인턴 사원들이 정규직으로 입사했다.

이 일은 문제와 갈등을 해결하는 데에 있어 솔직함과 냉정함을 어떻게 사용할 것인지에 대한 몇 가지 시사점을 던져 주었다.

특히, 명분과 실리라는 두 가지를 모두 놓치지 않아야 할 경우에 말이다. 이 사건은 단순한 문제와 갈등의 해결을 넘어 리더의 커뮤니케이선과 역할, 경영진과 현장과의 얼라인먼트(Alignment), 인력 선발, 객관적인 성과 관리 등 기업이라는 조직 내에서 빈번하게 벌어지지만 원칙과 책임감 있게 제대로 관리되지 않는 복합적인 이슈들을 모두 포함하고 있다.

문제는 해결되어야 한다. 그러나 중요한 것은 그것을 해결하면서 교훈을 얻고 조직 역량이 상향 평준화로 가야 더욱 바람직하다는 것이다.

양자 간의 명분도 다시 만들어 주고, 이해 당사자들의 동의가 가능한 합리적 수준에서 절충점을 찾아 실리를 챙기게 해주는 것도 빠뜨리지 말도록 하자. 갈등과 문제를 넘어 한 단계 더 성장하고 바람직한 시스템과 문화를 정착할 수 있다면 금상첨화가 아닐까?

대전 블루스를 흥얼거리면서 마무리할 수 있었던 것은 큰 행운이었다.

매트릭스 조직과 전통 조직,
그 중간 어디쯤

크리스마스 시즌이 다가오면 떠오르는 사건이 있다. 보통 12월은 말 그대로 크리스마스 시즌으로 왠지 상대적으로 평온한 분위기를 느끼기 마련이다.

그런데 어느 해 크리스마스 시즌, 미국 본사의 직속 보스 라인에서 이메일 한 통이 왔다. 전 세계 글로벌 현지에서 활발히 사업을 진행하는 절대다수의 미국 기업처럼 당시 내가 근무하던 기업도 매트릭스 조직이었다.

쉽게 설명하자면, 매트릭스(Matrix) 조직이란, 구성원이 자신의 전문 직무의 기능 부서와 생산·매출 등을 책임지는 전체 조직이라는 두 개의 단위 조직에 소속되어 두 사람의 상급자를 두는 형태를 말한다.

내 경우, 인사총괄 임원으로 제1의 공식적인 보고 라인의 관리자(Solid line report)는 미국 본사의 전 세계 인사총괄 책임자이고, 소속도 글로벌 라인의 인사부인 것이다. 동시에 비즈니스 현장에서 긴밀히 협업하며 업무를 논하는 제2의 보스이자(Dotted line report) 비즈니스 파트너는 한국의 대표이사가 된다.

이러한 형태의 매트릭스 조직이 내세우는 가장 큰 명분은 전통적인 단일 조직에서의 대표이사 명령 체계가 모든 권한을 독점적으로 지배하고 전횡하는 것을 금하기 위한 '견제와 균형'이다.

아무튼 아무리 한국의 대표이사와 많은 업무를 함께 처리하고 좋은 관계를 유지한다고 해도 기능 부서에 속한 나의 업무 통제 및 평가와 급여를 결정하는 공식 라인은 미국이다. 그렇기에 이들의 지시는 절대적으로 따라야 하는 지침이 되는 것이다.

이메일의 요지는 다음과 같았다.

'전략적 우선순위에 따라 중요도가 떨어진 현재의 연구개발팀을 연말까지 전원 고용해지(해고)하고, 팀 자체도 완전히 문을 닫도록 조치할 것'.

구체적인 설명도 없는 짧은 메시지였고, 단지 '세부사항에 대해서는 그날 오후부터 관련 부서와 협의를 하도록 할 예정'이라는 말이 덧붙여져 있을 뿐이었다.

구체적인 이유는 다시 들어봐야 하겠지만, 적어도 한국 조직 전체를 생각했을 때는 상당히 잘못된 의사결정이라는 느낌을 지울 수 없었다.

그러나 이는 미국 본사 CEO의 승인을 받고 관련 부서에서는 이미 이야기가 다 끝난 사안이었다. 늘 그랬듯이 최종 책임은 현지 법인과 현업 부서의 몫이다.

그 십자가를 져야 할 사람은 인사총괄 임원. 소위 상급부대에서 이야기가 다 된 사안을 뒤집어버리는 '항명'이라는 것은 이전엔 거의 들어본 적이 없던 터였다.

다국적기업에만 해당하는 이야기는 아닐 것이다. 어느 조직에서나 최종 의사결정을 내리고 실행하는 단계에서 이해 당사자 그룹이 첨예하게 대립하는 경우는 왕왕 발생한다. 또한 현장에서는 쉽게 수용할 수 없는 사안을 실행해야만 하는 상황도 적잖게 생긴다.

크리스마스의 악몽에서 배운 올바른 의사결정을 위한 용기와 지혜

어떻게 의사결정을 하고 실행시키는 것이 가장 현명한 방법일까? 전략적으로 가장 앞서 있는 윗선에서 내린 결정을 믿고 실행하면서 결과를 잘 보고하면 되는 것일까?

만약 당신이 다양한 이해 당사자들 사이 접점에 있다면 이런 상황을 어떻게 볼 것인가?

만약 엄청난 권한과 경험을 갖춘 당신의 직속상관이 수용하기 어려운 의사결정 실행을 지시했을 때 그냥 그 명령에 복종하고 실행하면 별문제 없는 것일까?

기업은 더 효과적인 과업 수행과 의사결정을 위해 조직 구조까지 변화시키기도 한다. 기업은 끊임없이 진화한다. 아니 이리저리 변화를 주도적으로 만들기도 하고, 시대적인 경영 트렌드에 떠밀려서 구조를 변화시키기도 한다. 그러면서 스스로는 항상 '우리 조직은 역동적으로 진화하고 있다'라고 말하곤 한다.

결론적으로 나는 그 지시에 항명했다. 항명을 한 정도가 아니라, 직속 보고 라인이 아닌 다른 그룹과 일종의 연합전선을 형성했고, 상당히 변형된 의사결정을 요구하고 관철시켰다.

적어도 미국 본사에서 보았을 때는 '우리 편'이 아니라고 느꼈을 수도 있다. 그러나 그 일로 제재를 받거나 비난을 받지는 않았다.

우려와 달리 조직 전체에 크게 긍정적인 영향을 미쳤기 때문이다.

연말까지 해당 임원을 포함해 모든 연구개발 팀원들을 전원 해고하고 집으로 보내라는 지시 대신에 이듬해 2월 말까지 과반 정도의 임직원은 내보내고, 나머지는 인근 일본, 중국 등 다른 국가의 지사로 전환 배치해서 계속 같은 기업 내에서 커리어를 이어나갈 수 있도록 하는 다른 버전의 의사결정 승인을 받아냈다.

물론 당초 예상보다는 좀 더 많은 비용이 소요되었다. 나의 추가적인 업무를 비롯해서 관련 부서 사람들에게도 예상치 않았던 행정 업무가 주어졌다. 그러나 이렇게 처리하는 것이 중장기적 관점에서 조직 전체에 실(失)보다는 득(得)이 더 크다는 가설을 충분히 납득시켰기에 의사결정이 번복될 수 있었던 것이다.

그 과정은 이랬다. 우선 미국식으로 일방적 독주는 하지 말아 달라고 요청했다.

"한국도 미국과 마찬가지로 크리스마스 시즌이다. 크리스마스 선물로 해고통지서를 주자는 말인가?"라며 포문을 열었다.

그리고 물었다. "그냥 해고만 하면 되는 것인가, 아니면 해고 통보를 하되 잡음 없이 마무리하기를 원하는 것인가?"라고 말이다.

내 버전으로 잡음이 없다는 것은 그들의 완전한 동의를 받고, 임직원들(노조)의 반발을 최소화하고, 언론에 부정적인 보도가 나가지 않도록 하며, 남아있는 임직원들이 '저 모습이 가까운 미래의 내 모습'일 것이라는 상실감을 갖지 않도록 한다는 의미였다.

당연히 미국 본사는 후자를 원했고, 나는 그렇다면 '12월 말은 불가하다'는 의견을 분명히 했다. 그리고 위험을 감수한 약속을 했다.

2월 말까지 시간을 주면 이 모든 것을 마무리하겠다고 말이다. 한국 대표이사의 적극적인 지원과 주요 부서 임원들의 지지, 그리고 무엇보다도 해당 부서 임원의 희생적인 노력에 힘입어 최초 결정사항이 번복된 것이다.

이 과정에서 나 역시 30명 가까운 연구개발 인력 전원을 일대일로 만나 진정성 있게 그들의 미래를 상담해 주고 이력서도 직접 고쳐주고 인터뷰도 코칭하는 등 새로운 커리어 연결을 돕는 고되지만 의미 있는 일들을 함께 했다.

우리는 모두 언제라도 어떤 선택에 대해 책임을 져야 할 자리에 놓일 수 있다. '내가 이해 못 하고 납득 안 되는 의사결정을 현장에서 실행시키는 것은 정말 위험하다'는 진리를 잊지 않았으면 한다.

오랜 연구와 준비를 통해 확신에 찬 사안일지라도 현장에서 비난과 불만이 제기될 때 조직의 '민심'을 잠재우기가 쉽지 않은데, 업무 책임 당사자가 확신이 없다면 그 큰 비난과 불만을 어떻게 막아낼 수 있겠는가!

그저 '나도 마음은 아프지만 위에서 지시한 사항이기에 어쩔 수 없다'는 이류, 삼류 관리자의 변함없는 레퍼토리를 읊조리기만 한다면 리더로서 이보다 더 우울할 수는 없을 것이다.

당시 우리 회사는 전략적 우선순위에 따른 팀 해체나 저조한 성과를 근거로 한 상시적인 구조조정 문제에 있어서는 단 하나도 타협을 하지 않는 기업이었다.

전 세계를 현미경처럼 관찰하는 정교한 시스템과 공식·비공식적 견제와 균형의 제도를 통해 철저한 중앙관리 통제의 철학을 고수했다.

그럼에도 분명한 논리와 시장의 목소리를 갖고 집요하게 대안을 제시할 때 다시 의사결정을 재고할 수 있는 합리성을 잃지 않았다.

물론 엄청난 '사일로스(Silos: 일종의 심각한 부서 이기주의)'와 때론 피아(彼我) 식별이 힘든 사내 정치로 얼룩진 면도 있었다. 그러나 조직 전체의 이익과 고객을 위해서는 기꺼이 자존심과 기득권을 내려놓을 수 있는 모습이 있었다.

    이것이 우리 기업들이 진정으로 추구해야 할 또 하나의 의사결정과 문제해결 방법론이 되어야 하지 않을까?

모든 구성원들은 네 가지 타입이다

현장에서 만난 많은 리더들 가운데 인력을 관리하고 육성하는 데 있어 '고민이 없다'고 하는 이는 아직까지 단 한 명도 만나지 못했다.

그러나 인재를 바꿀 것인지 말 것인지를 구별하지 못하는 지혜가 없고, 제대로 바꿀 용기가 없어 시도하지 않는 나태함에, 바꿀 수 없는 것을 받아들이지도 못해 평온함도 상실하고 지레 용기까지도 잃어버리는 리더들은 수없이 목격해왔다.

조직 내 인재 관리에 있어 발생하는 숱한 문제들을 주도적으로 해결해야 하는 것은 리더의 운명이다. '이런 것들은 인사부가 알아서 해주어야 할 것이고, 나는 비즈니스 성과에만 전념하겠다'는 마인드는 '아빠는 밖에 나가 돈 벌어 올 테니 자식 교육은 엄마와 과외 선생님이 다 알아서 해야 한다'는 사고방식보다도 더 고약한 것이라 말할 수 있다.

인재 관리 이슈는 생각보다 단순 명료한 접근이 가능하다.

우리가 만나는 인력들은 전 세계 어떤 조직을 불문하고 결국 네 가지 타입으로 정리되기 때문이다.

첫째, 성과도 잘 내고 태도도 긍정적인 타입이다. 다소 점잖지 못한 표현이지만 일도 잘하고 싹수도 있는 직원이라고 분류하자.

둘째, 성과는 잘 내지만 태도가 부정적인 타입이다. 일은 잘 하는데 싹수가 없는 직원이라고 분류해 보자.

셋째, 성과는 기대에 못 미치지만 긍정적인 타입이다. 일은 잘 못 하지만, 참 열심히 하는 착한 직원 정도로 분류한다.

마지막으로, 성과도 저조한데 태도마저 부정적인 타입이다. 일도 못하는데 싹수까지 없는 일종의 '월급 루팡'과 같은 최악의 직원이라고 분류해 본다.

어떤 목표를 갖고 관리에 임해야 하는가

그렇다면 이 네 가지로 분류되는 각 인재상에 해당하는 구성원들에게 우리는 근본적으로 어떤 목표를 갖고 관리에 임해야 할 것인가?

먼저, 소위 핵심인재라고 할 수 있는 일도 잘하고 싹수도 좋은 직원은 계속 좋은 성과를 내고 더 발전할 수 있도록 해야 한다. 간섭을 줄이고 권한 위임의 폭을 늘리는 것은 당연히 필요하다.

그러나 이에 못지않게 정기적으로 생산적인 피드백을 주는 것을 절대 빠뜨리면 안 된다. 놀랍게도 이런 인재들의 공통점은 '여전히 배가 고프다'는 것이다.

한마디로 성장의 욕구가 대단하다. 그래서 발전할 수 있는 구체적인 피드백이 뜸해지면 오히려 실망할 수도 있다.

그렇다고 잘 하는 사람이니 무조건 칭찬하는 것은 오히려 효과가 떨어질 수도 있다. 구체적으로 짚어주면서 기여한 부분에 고마움을 표하면서 신뢰감을 보여주는 것이 더 효과적이다. 좀 더 도전적인 프로젝트나 역할을 부여함으로써 계속 성장하고 다음 단계로 나갈 수 있도록 해주는 것도 중요한 관리 포인트이다.

둘째, 일은 잘하는데 다소 싹수가 없는 직원은 태도의 변화, 긍정적이고 밝은 모습을 보일 수 있도록 도와주어야 한다. 이들은 일은 잘 하면서도 도대체 무엇 때문에 가끔씩 삐딱한 것일까? 어떻게 그 막힌 부분을 풀어줄 수 있을까?

여러 가지 원인이 있을 수 있지만, 가장 큰 비중을 차지하는 것은 조직 내 사람들과의 관계 문제다. 또 갖고 있는 역량이나 기대 수준과 밸런스가 맞지 않는 역할과 업무 배분 등이다. 진짜 프로라면 이런 부분까지도 스스로 해결할 수 있어야 하는데, 이것까지 완벽하게 해내는 구성원들이 생각보다 많지 않다.

리더라면 평소에 갈고 닦았던 관리자로서의 대외적인 협상력과 영향력을 보여주어야 한다. 어느 조직의 누구와 어디에서 틀어져 있는지를 당사자를 포함한 다양한 사람들과의 인터뷰나 관찰 등을 통해서 찾아내서 관계를 조율해 주어야 한다. 능력에 비해서 너무 쉬운 일을 맡겼거나 자신이 추구하는 커리어나 역량개발 분야와 너무 상관성이 없는 일을 시키는 것은 아닌지도 면밀히 점검해야 한다.

그들의 눈높이에서 자신들이 하는 일이 얼마나 의미 있고 중요한 일인지를 일깨워 주는 것이 반드시 필요하다.

셋째, 일은 잘 못 하지만 여전히 열심히 노력하며 싹수가 있는 직원들은 영역을 정해주어야 한다. 결국은 좋은 태도를 갖고 열심히 하는 것에서 성과마저 잘 낼 수 있도록 코칭하는 것이 관건이다.

이들을 정상궤도로 끌어올리기 위해서는 막연하게 알려주지 말고, 핵심 역량 중심으로 말해주어야 한다. 좀 더 구체적으로 말하자면 'KSA'로 풀어 설명해 줄 필요가 있다.

즉, 지식과 정보(Knowledge), 기술과 업무 수행 능력(Skills), 업무 진행 시 보여주는 태도(Attitude)로 나누어 하나하나 이야기해 주어야 한다.

특히, 어떤 활동들을 제거할 필요가 있는지(Eliminate), 줄여야 하는지(Reduce), 늘려야 하는지(Raise), 새롭게 해야 할지(Create)를 알려줄 때 효과가 나타날 수 있다. 그리고 반드시 데드라인을 정해주고 주간 단위로 계속 점검하는 미팅을 진행하고 기록으로 남겨두는 것이 필요하다.

넷째, 일도 안 되고 싹수마저 없는 직원은 냉정하지만 기대를 충족하지 못한다는 메시지를 전하고 장기간의 성과 개선 프로그램(Performance Improvement Plan)을 운영할 수 있도록 해주어야 한다.

앞서 말했던 'KSA'라든지 'ERRC'와 데드라인 등을 정하고 정기적으로 진도와 개선 상황을 체크하는 것은 여기서도 동일하게 적용되고 유효하다.

그러나 이 네 번째 경우는 '일을 잘 못 하지만 싹수가 있는 직원'의 사례보다 한층 더 악화된 상황이다. 관리자와 회사 입장에서는 '당신의 성과가 우리 기대 수준에 미치지 못하고 있다'는 메시지를 명확하고 냉정하게 전해주는 것이 꼭 필요하다.

그리고 앞의 성과 개선 프로그램을 운영해서 성과를 확실히 개선하는 노력을 하든지, 보직을 바꾸어 주든지 하여 최후의 '부활' 기회를 반드시 제공해 주어야 한다.

이 단계에서 절대로 해서는 안 될 것은 완전히 믿고 맡기거나, 근거 없는 칭찬과 인정을 해주는 것이다. 독약이 되어버린다.

이렇게 해서도 개선이 되지 않는다면, 기업은 이제 이 직원과 잡음 없는 이별 준비를 계획하고 실행할 단계로 들어설 것이다.

일반적으로 한국형 리더들은 업무를 진행함에 있어서 결코 나태하지 않다고 생각한다. 그리 어리석은 편도 아니다. 대개는 우수한 지적 능력과 경험을 갖추고 있다.

때로는 용기도 있고, 내려놓을 줄 아는 평온함을 갖추기도 했고, 지혜도 있는 편이다.

그러나 이제는 이러한 행동들을 구체적인 상황에 맞게 때론 단계적으로 적용해 볼 때가 되었다. 다음 단계로 인재의 능력을 올리는 데 나태해서는 안 될 것이고, 충분히 체계적이고 꾸준한 코칭을 통해 바꿀 수 있는 것은 바꾸는 용기도 필요하다.

마음처럼 되지 않는 인력에 대해서는 더이상 억지로 바꾸려는 어리석음에서 벗어나 잠시 내려놓을 수 있는 평온함도 필요하다.

이러한 모든 상황과 사례를 분별해서 어떤 행동과 의사결정을 해야 할지를 판단하는 지혜가 그 어느 때보다 절실히 필요다.

인사 명령을 정하기 전
체크해야 할 것들

개인적으로는 말도 잘하고 농땡이를 치지도 않고 자신의 전문성도 꽤 갖춘 매니저가 있었다. 단 주변 사람들과 사사건건 자주 부딪히는 것이 마음에 걸리던 사람이었다.

오너는 이 매니저를 상당히 신뢰하고 있었다. 오너는 오래전부터 인연을 맺어왔던 그를 영입하고는 곧 임원으로 승진시키겠다는 결정을 내렸다.

승진 연한 부족과 검증되지 않은 리더십 때문에 인사부를 비롯해서 일부 참모들이 재고해 볼 것을 건의했지만, 오너는 이에 연연하지 않고 자신의 뜻을 관철시켰다.

그런데 임원 승진 후, 이 사람이 잊을 만하면 물의를 일으켰다. 성희롱 사건에도 연루되고, 독선적인 팀 운영과 전혀 정제되지 않은 언행 등으로 기존 멤버는 물론 새로 뽑아 놓은 사람마저 떠나게 만들었다.

팀은 와해되고 좀처럼 정상궤도에 오르지 못했다. 그 속사정까지 알 방법은 없었지만, 이 임원도 결국은 스스로 자리에서 물러났다.

다수의 조직 구성원들이 잘 받아들이는가

누구를 승진시켜야 할까? 우선 검증된 성과가 있어야 한다. 최소 3년 정도 상급 수준의 검증된 성과를 보여주는 구성원을 승진 대상에 추천해야 한다.

다음은 잠재력이다. 즉, 계속 뻗어가는 성장 가능성이 있는가의 문제이다.

특히 일반 직원과 관리자, 관리자와 임원은 일을 하는 맥락이나 환경, 업무 범위와 압박감 자체가 다르다. 일반 관리자로서 빈틈없이 꼼꼼히 최고 수준으로 일했음에도 임원으로 승진하지 못하는 경우가 바로 이 때문일 수도 있다. 그리고 한 가지 더 중요한 관건은 직무의 크기이다. 승진이란, 평균적으로 더 크고 복잡하고 책임져야 할 것이 많은 자리로 가는 것이기 때문이다.

물론 각 기업이 처한 상황마다 달라질 수는 있다. 그러나 한자리에서 계속 같은 종류의 일을 하면서 성실하고 꾸준한 성과를 몇 년간 보여주었다고 해서 덥석 승진을 시키는 것은 피해야 한다.

개인이나 기업 모두에게 있어 그렇게 건강한 모습은 아닐 수 있다. 다국적기업에서는 승진 여부를 결정할 때 직급별로 요구되는 수준의 '핵심 역량(Core competencies)' 보유 여부를 종합적으로 고려한다.

핵심 역량이란, 개인이 높은 성과를 내기 위해서 어떤 기술(Skill-set; Knowledge)을 갖추어야 하고 어떤 식으로 생각하고, 말하고 행동해야 할지를 설명해 놓은 것이라고 보면 된다. 앞에서 언급한 검증된 성과, 잠재력, 직무 크기 등을 이런 핵심 역량 관점에서도 균형 있게 더블 체크해 보면 좋을 것이다.

임원 등 리더십 포지션에 임명되는 것은 주로 세 가지 경우이다. 승진하면서 동시에 리더십 포지션에 임명되는 경우, 기존 임원 보직이 변경되어 다른 임원 포지션으로 이동하는 경우, 경영 환경 변화나 직무 크기의 확대 이후에 승진으로 이어지는 경우이다.

이러한 리더십 포지션에 임명하는 경우는 무엇을 고려해야 할까? 모든 경우에 공히 기본적으로는 앞서 승진 인사에서 언급했던 필요 요건이 동일하게 적용되곤 한다.

그렇지만 리더십 역량을 중심으로 한 커뮤니케이션 능력, 문제해결 능력, 이해관계자 관리 능력, 프로젝트 수행 능력이나 특정 직무 역량에 대한 전문성이 더 강조될 수 있다.

예를 들어 조직 내부에서 조직이 대폭적으로 개편되어 신사업개발

팀이나 통합 영업 본부가 탄생하거나 마케팅이나 영업 본부가 합쳐지는 경우 등에는 단순히 승진 심사를 하기 위해서 주목했던 그간의 꾸준한 성과 이외에도 복잡한 변수들을 모두 빠짐없이 감안해 의사결정할 필요가 있을 것이다.

위에서 언급한 사항 외에 챙겨야 할 사안이 몇 가지 더 있다. 핵심은 대(對) 직원 커뮤니케이션이다. 다수의 조직 구성원들이 잘 받아들이는가는 중요한 문제이다.

인사 명령은 회사 경영진 고유의 권한이기에 그들 모두를 만족시키는 목표 설정은 비현실적이다. 그럼에도 그들의 이해도와 수용도는 최대치로 높여주어야 한다.

노조가 있다면 사전에 공감대를 형성하는 것도 신경 써야 할 부분이다. 중요한 인사 명령에 있어서는 배경과 포인트에 대한 스토리를 정리해 주는 것이 좋다.

그런 제스처만으로도 어떤 경우는 마음이 누그러지기도 한다. 그런 면에서 다국적기업처럼 인사 명령서에 에세이 스타일로 스토리를 첨부해도 된다.

예를 들자면 이번 승진이나 리더십 보직 명령이나 조직 개편의 성격이나 특징, 새롭게 임원으로 임명된 사람의 몇 가지 업적 포인트와 기대 사항과 격려 인사를 부드럽게 이야기해 줌으로써 구성원들의 이해를 도울 수 있다.

그 밖에 최종 공식 결정을 내리기 전에 조율 미팅 형태의 승진심사

위원회를 통해 부서별 균형이나 특별히 예외적인 사항이나 이슈가 될 만한 건에 대한 재점검을 해보면 좋다.

물론 외부 영입 임원이나 관리자의 경우는 기존의 성과나 미래의 잠재력을 데이터를 기반으로 직접적으로 측정하기가 어려우니, 구조화된 역량 중심의 인터뷰나 평판 조회를 통해 이를 판단하는 것이 가장 보편적인 방법이라고 할 수 있다.

아울러 핵심 역량 평가에 대한 객관성과 근거 확보라는 차원에서 제2장에서 인력 선발과 관련해 잠시 언급했던 어세스먼트 센터 활용을 여기서도 고려해 볼 수 있다.

승진과 주요 보직에 대한 인사 결정과 발표는 경영진 고유의 권한이기에, HR 이슈 가운데 외부 사람이 이러쿵저러쿵 토를 달기가 매우 민감한 내용이다.

그러나 적어도 객관적으로 다수에 의해 수용될 만한 논리와 근거를 확보하는 것은 중요하다.

요즘에는 국내 기업들도 상시적이거나 시즌 별로 인사 명령을 발표할 때가 많지만, 이전에는 대개 연말이나 연초에 대규모 승진, 임원 인사, 조직 변경 등의 굵직한 인사 명령이 발표되곤 했다.

그럴 때면 늘 회사 안팎에서는 희비가 엇갈리는 소리가 끊임없이 들려온다. 근래에는 특정 기업 인사 명령에 대한 온라인 기사에 댓글을 달거나 익명성이 보장되는 직장인들의 사회관계망 채팅 등을 통해 걸러지지 않는 여러 가지 비난 조의 비아냥거림을 쉽게 발견할 수 있다.

누구나 만족하고 동의할 수 있는 완벽한 인사 명령의 실행은 요원하겠지만, 기준을 재점검하고 개선할 필요는 있다. 당연하게도 직원들의 사기와 조직 몰입에 상당한 영향을 미치기 때문이다.

그들은 왜 퇴사한 내게
SOS를 보냈을까?

어느 날 퇴사한 전 직장의 인사부에서 전화 한 통이 왔다.

문제가 하나 생겼는데 도와달라는 내용이었다. 내용인즉슨, 영업부의 한 고참 직원에 대한 권고사직에 관련된 것이었다.

지난 몇 년간 나름 성실히 근무했던 직원이지만, 회사 입장에서는 조직에서의 미래가 이제는 거의 종점에 임박했다는 판단이었다.

관리자로는 승진시켜줄 수 없는 역량이고, 보내기 마땅한 다른 자리도 없고, 그렇다고 급여를 적게 받는 것도 아니고, 현상만 유지하면서 후배들의 자리를 막는 셈이라고 했다.

그런데 영업본부장이 이 사람에게 권고사직을 권하는 과정에서 엄청난 충돌이 벌어진 모양이다. 설상가상으로 이 직원은 본인의 문제를 넘어서 이런 잠재적 위험에 처할 수 있는 임직원들을 위해 차제에 세력을 규합하겠다는 뜻을 밝혔다고 한다. 게다가 퇴사 조건으로 회사가 도저히 받아들일 수 없는 막대한 금전적 보상까지 요구했다. 회사 입장에서는 위기 상황에 몰린 꼴이 된 것이다.

관찰, 경청, 공감이 먼저다

회사의 요청을 받아들여 나는 이 일의 해결을 맡았다. 당사자와 한 시간 정도 통화를 하고, 한 시간 반 정도 직접 만나 총 소요 시간은 대략 두 시간 반 정도가 들었다.

나와의 만남 이후 불과 며칠 만에 회사와 타협점에 이르러 합의를 했고, 곧바로 퇴사 절차를 밟았다.

완강했던 그 직원과의 대화는 생각보다 잘 풀렸다. 어떤 조건을 상정해 놓고 서로 치고받으면서 논쟁했다기보다는 그냥 그 직원의 상황을 차분히 들어보았다. 의뢰한 회사를 통해 들은 내용과 사실이 다를 수도 있다는 가능성 때문이었다.

그리고 인간적인 이야기도 솔직하게 해주었다. 회사 측에서 들었다면 기분 나쁠 수도 있을 이야기도 포함되어 있었다.

예를 들자면, '이 회사 외에는 다른 대안이 전혀 없다면 잘 협상해서 받을 수 있는 것은 다 받는 게 좋을 수도 있다'는 식으로 말이다. 그러나 '당신 직업이 영업이고, 아직은 다시 시작해볼 힘이 남아있기에, 지금이라도 빨리 외부의 대안을 찾아 나서고, 회사와 극단적이고 장기적인 대립은 피하는 게 좋을 수도 있다'는 냉정하고 현실적인 조언도 해주었다. 결국 추가적인 충돌 없이 잘 봉합되었다.

그런데 그 회사는 왜 굳이 이미 퇴사한 나에게 도움을 청해 문제를 해결한 것일까?

결론적으로 회사는 양자를 중재할 수 있는, 그리고 양자가 모두 신뢰할 수 있는 제 3자를 내세운 것이다. 그러나 나는 협상의 커뮤니케이션 스킬에서 보편적으로 검증된 방법을 사용했을 뿐이다. 상대방의 입장에서 보았을 때도 비록 회사의 의뢰를 받았지만 비교적 객관적인 목소리로 메시지를 전할 수 있을 것으로 판단했을 것이다.

반드시 만나서 문제를 해결해야 할 상대가 있는데 서로 혐오하는 사람이라면, 평소에도 사사건건 부딪쳤던 사람이라면, 이미 한 번의 엄청난 충돌과 감정의 골이 깊어 질대로 깊어졌다면 어떻게 할 것인가? 그렇다 하더라도 문제를 그냥 덮어 버릴 수는 없는 노릇 아닌가?

그 회사의 인사부는 이따금씩 영업사원들과의 회식 자리에서 내가 그와 격의 없이 대화를 나누던 모습, 일대일로 점심식사를 하면서 현장의 이야기를 주고받았던 모습을 기억하고 있었을 것이다. 그리고 밑져야 본전이라는 마음으로 이 관계를 한 번 활용해보자고 했을 것이다.

나는 아주 기본적인 인간 심리에 대한 이해와 논쟁 해결 방법 중 하나를 활용했을 뿐이다. 바로 'TPO'를 바꾼 것이다. 즉, T(Time-시간), P(Place-장소), O(Occasion-상황)에 변화를 준 것이다. 대개 백화점이나 호텔에서 격한 감정으로 불만을 제기하는 고객들을 상대할 때 많이 사용하는 기법이기도 하다.

화난 고객에 바로 대응하기보다는 잠시 호흡을 가다듬을 수 있는 냉각기를 주기 위해서 상담 시간, 장소, 상황을 바꾸면서 자연스럽게 상담해 주고 담당자도 좀 더 노련하거나 의사결정을 해줄 수 있는 사람을 내세운다.

그 회사도 나를 전면에 내세우면서 결국은 'TPO'에 변화를 주었고, 대화를 부드러운 모드로 전환할 수 있었던 것이다. 물론 가장 근저에 깔렸던 것은 사람, 즉 직원에 대한 이해였을 것이다. 이 사람은 정말 무엇 때문에 화가 나 있고, 이 사람이 가장 걱정하는 것은 무엇인지, 그래서 정확히 무엇을 원하는지를 관찰과 경청과 대화를 통해 파악하는 것은 문제해결의 기본 요건일 것이다.

오래전에 만난 영국인 CEO가 있었다. 이 사람과 식사를 하면서 나눈 대화 가운데 우리와 다르면서도 신선했던 이야기가 하나 있다.

자신이 책임지고 있던 한국 조직을 불가피하게 구조조정해야 했고, 직접적으로 영향 받을 직원들에게 메시지를 전해야 했던 사례를 들려주었다.

이 영국인 CEO는 전 부서의 임원들을 자신의 집무실로 소집을 해

놓고, 해당 직원들의 사내 인적 관계망을 그려보라고 시켰다고 한다. 즉, 이 직원은 누구와 제일 친하고, 누구와 제일 소원하며, 누구와 사사건건 부딪치고, 가장 심각한 문제가 생겼을 때 누구를 찾아가서 상담하는지를 중심으로 관계도를 그려달라고 요청했다는 것이다. 그리고 인적 관계망에서 잘 연결된 이들을 해당 직원 상담에 적절히 활용했다고 한다.

문제해결 능력은 리더가 갖추고 매 순간 보여주어야 할 가장 중요한 역량 가운데 하나임은 틀림없다. 최종적인 결정과 책임은 리더의 몫이지만, 무턱대고 이 모든 것을 늘 혼자 힘으로, 전통적인 방법으로만 풀 필요는 없을 것이다.

리더들은 이제 인간 심리에 대한 공부도 해야 하고, 더 많이 관찰하고 공감해 줄 수 있어야야 한다. 결정적인 협상을 마무리하기 위해서 필요하다면 제3의 특사 파견을 고려해 봐야 할지도 모른다.

정치사회에서, 국제사회의 분쟁 해결을 위해서 그리고 수많은 역사적 사건 속에서도 이런 사례는 쉽게 찾아볼 수 있다.

그러나 단지 제 3자를 파견하는 것보다, 왜 그 사람을, 어떤 이유에서 보내야 하는지를 더 명료하게 정리할 필요가 있다.

사람에 대한 이해와 인적 연결망에 더 유념해야만 하는 비즈니스 상황에 결국은 더 많이 노출될 수밖에 없을 것이니까 말이다.

인력과 조직의 건전성 척도, HR 스코어 카드

'우리 조직에는 어떤 문제가 존재하는가? 문제가 있다면 어떻게 체크하고 해결해야 할 것인가?'

한 대기업으로부터 컨설팅 의뢰를 받았다. 그 기업의 표면적 요구와 이면의 목적은 명확했다. 조직 구성원의 몰입 수준과 생산성을 쉽게 체크할 수 있는 인사 시스템을 디자인해 달라는 것이었다.

그들은 이런 것들을 체크할 수 있는 일종의 공식(수식) 같은 것을 만들어 달라고 요청했다. 상당 기간 침체기를 겪은 후, 그 기업은 스타 CEO를 영입했는데, 이 사람의 요청 사항이었다. 부가적으로 중요한 단서도 달았다. 모든 부서가 비용은 얼마나 쓰고 있는지, 얼마의 수익을 올리고 있는지를 예외 없이 추적해서 측정할 수 있도록 해달라고 했다.

영업부서 외의 모든 관리부서까지도 어떤 형태로든지 수입을 내야 하고 수익을 창출하고 있다는 수식을 만들어달라고 했다. 그리고 그 수치들이 생산성은 물론이요, 구성원의 높은 수준의 몰입도를 의미하고 있음을 함께 설명하는 논리적 형태로 디자인해 달라고 했다. 이 조건에 있어서는 약간의 유연성도 허용하고 싶어하지 않았다.

이런 의뢰를 종종 접하곤 한다.

인력 운영이나 조직 관리에 무언가 문제가 생긴다면

설령 앞의 경영자처럼 구체적인 요구나 조건을 이야기하지는 않더라도 단순한 재무적 지표를 넘어서 자신의 조직이 건강하게 잘 돌아가고 있는 것인지를 확인해 보고 싶어하는 리더들은 참으로 많다.

조직의 크기를 막론하고 인력과 조직이 건강하게 유지되는지를 확인할 수 있는 지표 같은 것이 있다면 매우 유용할 것이다. 이런 지표는 먼저 간단하게 만들어 시작할 수도 있고, 경우에 따라 이후 더 심층적이고 종합적으로 만들 수도 있다.

어쩌면 우리 기업들은 각자 나름의 이 같은 비슷한 지표나 '바로미터' 등을 갖고 있을 가능성이 매우 높다. 단지 여기저기 흩어져 있어 제대로 인지하지 못하거나 잘 활용하지 못하고 있는 것일 수 있다.

우리 기업들도 쉽게 개념을 잡고 자신들만의 고유의 HR 스코어 카드를 설계해 볼 수 있도록 기업의 사례로 이야기를 해보자.

내가 근무했던 한 다국적기업의 경우, 주된 6개의 인사조직 관리 영역에서 30여 개의 스코어 카드 항목을 지정해서 최소 월별로 각 항목의 달성 현황을 청색, 황색, 적색 지표의 스코어로 평가하고 개선안을 토론했다.

청색은 청신호가 켜진 것과 같이 문제가 없다는 것이고, 황색은 문제가 될 소지가 있으니 주의 관찰해야 할 항목, 적색은 문제가 있으니 해결안을 만들어 개선해야 한다는 의미였다.

몇 가지 스코어 항목의 예를 들자면, 정규 임직원 숫자의 증감 현황, 채용 진행 중인 포지션 현황, 120일 이상 계속 오픈이 된 채용 포지션(이는 채용 작업이 시작된 지 4개월 이상 경과했지만, 뚜렷한 진전이 이루어지지 않았다는 의미일 수도 있다) 등이 있다.

또, 설문조사를 통한 직원의 조직 몰입 수준, 리더십 효율성 지수, 이직률, 핵심인재 이직률, 성과 관리 목표 설정 및 리뷰 달성률, 매니저 핵심 필수 과정 이수율 등도 포함되어 있었다.

물론 이러한 각 스코어 카드 항목에는 해당 연도의 목표치가 반드시 같이 부여되어 있어야 한다. 그래야 평가가 가능하기 때문이다.

아울러 정기적으로 모든 관리자들이 이를 함께 점검하고 이슈가 있는 경우는 대책을 제시할 수 있도록 긴밀하게 협업이 되어야만 한다.

또 한 가지, 설계 시 중요하게 감안할 사항은 외부의 대단한 기업이나 컨설팅 사례를 굳이 무조건 따라갈 필요가 없다는 것이다. 각 기업마다 가장 중요하게 생각하는 인사 전략이 있을 것이고, 그에 따라 먼저 챙겨야 할 사안이 있기 마련이다.

그런 내용을 중심으로 스코어 카드를 만들고 시간이 경과해 경영 환경이 변화했을 때 다시 지표들을 업데이트하는 것이 바람직하다.

즉, 기업이 가장 중요하게 생각하는 부분을 체크할 수 있는 항목을 편성해야 한다는 것이다. 동시에 너무 인위적으로 산술적인 공식으로만 설계해 보편적 수용도가 낮아지는 것은 피해야 한다. 서두에서 언급한 CEO의 요청 사항이 이런 사례에 해당될 수도 있다.

모든 사람들이 쉽게 이해하고 바로 체크하고 활용할 수 있는 수준과 용어로 만드는 것이 중요하다. 여기까지 진행했다면 이것만으로도 대단한 것이다.

그러나 정말 중요한 마지막 한 가지가 더 남아있다. 운영의 본질적인 목적을 상기해야 한다. 다시 말해서 스코어 카드 결과 자체가 목적이 되어서는 절대로 안 된다. 매일 활력 넘치는 조직 문화로 인해서 조직 전체가 역동적이고, 그래서 결과가 잘 나와야 한다.

우리가 매년 하는 건강검진을 생각해 보자. 예를 들어 콜레스테롤 수치가 너무 높게 나왔다. 약을 복용해서 수치를 떨어뜨려 건강검진 결과표에는 정상 수치가 나왔다면 나는 진정으로 건강한 사람일까?

스코어 카드 자체의 결과만을 강조하다 보면 이렇게 인위적으로 어떤 형태로든지 수치를 맞추는 관리자도 분명히 등장한다는 것을 잊지 않았으면 좋겠다.

아울러 지표 자체가 모든 사안을 커버하는 데도 한계는 존재한다. 지표 만을 맹신하지 말고, 모든 현상 속에서 균형을 잃지 않는 노력이 필요하다.

이전에도 국내의 많은 기업들이 'BSC(Balanced Score Card)' 등의 개념을 도입해 단순한 인사 분야만이 아니라 종합적인 조직 건전성을 측정했던 흔적을 여기저기서 찾을 수 있다. 이런 '기성복' 스타일이나 포괄적인 측정지표를 갖고 활용하는 것도 나쁘지는 않다.

그러나 적어도 인력과 조직을 체계적으로 한눈에 관찰 및 측정해서, 인사 및 조직 전반의 현황과 문제 나아가서 해결 방향을 제시할 수 있는 좀 더 구체적인 지표의 스코어 카드를 마련하길 바란다. 그래야 이전보다 한 단계 더 높은 수준의 조직 효율성을 얻을 수 있다.

마치 자동차나 항공기의 계기판과 같이 한눈에 들어올 수 있는 것이라면 훨씬 효과가 있을 것이다. 운전을 해본 사람이라면, 자동차 시동을 건 후 출발하기 전에 자동차 자체에 어떤 결함이 발생하면 일종의 경고 메시지가 계기판에 뜨는 것을 경험한 적이 있었을 것이다.

이처럼 우리 조직에도 인력 운영이나 조직 관리에 무언가 문제가 있다면, 그것을 명확한 표시등이나 메시지로 쉽게 확인할 수 있는 일종의 'HR 스코어 카드'가 필요한 때다.

5장

TALENT
OBSESSION

톱티어 기업들의
인재 육성 전략 비밀 노트

인재에 대한 집요한 집착, 탤런트 리뷰

30대 중반까지 한국적 기업 문화와 근무 환경에 익숙했던 내가 다국적기업으로 이직을 하면서 겪었던 몇 가지 문화적 충격이 있다. 그중 하나가 인재, 즉 '탤런트'에 대한 그들의 철학과 실천이었다.

인재가 중요하다는 이야기는 누구나 쉽게 한다. 모든 기업의 홈페이지를 보아도 거의 우선적으로 도배하고 있는 것이 인재상 등을 포함한 인재에 대한 이야기이다. 채용설명회 등의 자리에서도 거의 모든 기업들이 빼놓지 않고 자랑하는 단골 메뉴는 인재상이다.

그럼에도 현실 세계에서는 다르다. 인재에 대한 절대적이라던 기준과 고집을 의외로 쉽게 타협한다. 인재 육성에 대한 집요함과 효과적인 훈련과 투자에 약하다는 것을 어렵지 않게 목격할 수 있다.

국내 기업들의 인재 관리 시스템에도 분명 숨겨진 장점이 있겠지만, 다국적기업의 사례에서 '제대로' 탐구해 볼 만한 한 가지 제도가 있다.

'탤런트 리뷰(Talent Review)' 미팅이 바로 그것이다. 탤런트 리뷰는 말 그대로 인재들을 리뷰, 즉, 재검토를 하는 자리이다. 이 미팅은 주로 분기 단위로 정기적으로 이루어진다. 나는 운 좋게 대부분 〈포춘〉 최상위 랭킹 기업에서 근무를 했기 때문에 이 탤런트 리뷰를 건너 뛰어 본 적이 없다.

인사부에서 진행하는 미팅 가운데 단연 중요도가 높다고 할 수 있다. 각국의 대표이사와 인사총괄 임원이 본사나 아시아 태평양 대표이사와 그 지역 인사총괄 임원 앞에서 각 지사 조직의 전체 인력 현황과 함께 임원을 포함한 핵심 인재의 현 상태와 향후 커리어 진로를 꼼꼼히 리뷰하고, 토론하고, 필요한 조치를 취하는 시간으로 편성된다. 탤런트 리뷰는 평균 2시간 정도 진행이 되는 미팅이나 준비 기간은 훨씬 더 길다. 인사부 입장에서는 이 미팅을 위해 분기마다 적어도 2주 이상 준비를 하는 셈이고, 아시아 지역 대표이사의 경우는 분기당 이주일 정도는 오로지 이 안건에만 매달릴 수밖에 없다. 일 년으로 계산해 보면 글로벌 전사 차원에서는 한 해에 대략 두 달은 탤런트 리뷰에 시간과 관심을 투자하는 것이다. 이 기간 동안 다른 어떤 안건도 이 안건에 배정된 시간을 빼앗아가지 못한다.

이러한 탤런트 리뷰 미팅에 의미를 두는 것은 결코 형식적인 일회성 이벤트로 유행 따라 하는 회의가 아니라는 점이다. 여기서는 조직 전반의 인사조직 현황을 바탕으로 중요 포지션 임직원들과 핵심인재들의 현재 성과, 성장 잠재력, 성장을 위한 개선 방안, 다음 단계의 가능한 직책, 저성과자 문제 등을 논의한다.

따라서 탤런트 리뷰의 키워드는 '객관적 진단'과 '처방'이라 할 수 있다. 반드시 현상에 대한 평가를 하고, 그래서 어떻게 개선하고 더 긍정적인 성장을 이끌어 낼 것인지에 대한 구체적인 대안까지 제시를 해야만 하기 때문이다. 그래서 미팅이 끝난 후 숙제 역시 만만치 않다. 합의된 사항을 구체적인 액션플랜으로 수립하고 실천하면서 최소 월간 단위로 계속 검토하고 그 진전 사항을 측정하고 또다시 다음 분기의 탤런트 리뷰 미팅에서 그동안 합의한 대로 제대로 시행하고 있는지에 대해서 다시 점검을 받는다.

사업하기도 바빠 죽겠는데 이런 것까지?

탤런트 리뷰 미팅의 또 다른 하이라이트는 후계자 계획이라 불리는 석세션 플랜(Succession Plan)에 대한 논의이다.

'만약 내일 한국 지사장이 갑자기 회사를 떠나는 상황이 발생하면 누가 그 자리를 맡을 것인가?' 같은 직설적인 질문이 언제라도 날아온다. 핵심 포지션의 리더를 승계할 차기 리더가 제대로 준비되고 있는

지에 대한 점검은 가장 자주 등장하는 질문이자, 매우 신경 쓰이게 만드는 대목이다.

대충 둘러대서는 절대 넘어갈 수 없고, '탤런트 맵'이라고 불리는 사내는 물론 시장에서의 '선수'를 목록화하고, 회사 밖 '선수'의 경우 그들이 영입될 가능성 등이 정리된 구체적인 자료를 제시할 수 있어야 한다.

이에 더해 자료에 제시된 회사 밖 '선수'들은 상급 조직에서 요청할 경우 언제라도 만날 수 있도록 준비해놓아야 하기 때문에, 절대 형식적인 작업이 될 수 없다.

이외에도 유능한 여성 리더와 유망하고 젊은 대졸 인턴사원의 수혈을 중심으로 한 다양한 인력 확보 이슈와 하위 5% 이내의 저성과자를 정리해 생산성을 높이는 작업 같은 난제도 기다린다.

이런 것들조차 늘 여유롭게 웃으면서 징그러울 정도로 집요하게 물어보고 파고드는 상급 조직 리더들과의 토론과 논리 싸움 준비 때문에 미팅을 앞두고 머리가 지끈거리고, 가슴이 조여오는 느낌을 경험할 때가 많았다.

그런데 한 가지 이상하다고나 할까, 좀 의외라고 생각되는 점이 있었다. 20년 이상을 다국적기업에 있으면서 직·간접적으로 다양한 탤런트 리뷰 미팅을 수많은 관련 리더들과 함께 준비했건만 그 누구도, 단 한 번도 '사업하기도 바빠 죽겠는데 이런 걸 준비하느라 시간을 다 빼앗긴다'는 식으로 짜증 내거나 불평하는 것을 본 적이 없다.

이것이 그들 본래의 철학이고 신념이기 때문인 것일까? 아니면 오랜 경험으로 '핵심인재가 빠져나가면 우리도 별 볼 일 없는 종이호랑이로 전락하는 것은 시간 문제'라는 진실을 인정하고 받아들이면서 체득한 하나의 관습과 규범이 되어 버린 것일까?

바쁘게 일에 집중하다 보니 정작 이런 질문을 던져 볼 여유가 없었던 것이 아쉬울 따름이다. 어찌 되었건 인재에 대한 이들의 편집증적인 욕심과 집착을 이제는 우리도 한 번 배워 볼만하다. 불현듯 그 징그럽고 집요했던 토론의 장이 그리워진다.

심플한 인재 육성 전략,
그런데 파워풀하다

젊은 시절에는 호텔 뷔페식당에서 식사하는 것을 좋아했다. 다양한 메뉴의 음식을 눈치 안 보고 마음껏 즐길 수 있었기 때문이다.

하지만 이제 중년을 넘어 장년의 나이로 접어들면서 뷔페식당 출입은 거의 하지 않는다. 대신 '주특기' 메뉴를 가진 식당, 내가 먹고 싶은 음식을 적절한 가격에 제공하는 노포(老鋪) 식당을 찾아다닌다.

그런 과정에서 내 몸의 체질도 알게 되고, 내 몸이 필요로 하는 고른 영양소를 섭취할 수 있는 음식과 식습관을 통해 건강을 유지하는 방법도 고민하게 된다. 그리고 몇 가지 평범해 보이지만 중요한 사실, 거의 모든 사람들이 알고 있지만 대부분 실천하지 않는 진리를 몇 가지 깨우쳤다.

첫째, 아무리 좋은 음식을 많이 섭취해도 음식 섭취만으로는 건강해질 수 없다.

둘째, 운동을 병행하면서 좋은 생활 습관을 갖춰야 건강해질 수 있다.

셋째, 남들이 좋다고 하는 음식도 내 체질과 맞지 않으면 오히려 건강에 해가 된다.

세계적인 다국적기업들이 지향하고 굳은 신념처럼 실천하려는 인재 육성 전략 또한 음식과 비슷하다. 다양한 주제나 종류로 승부하지 않으며, 전통적 스타일의 교육 과정 시간은 적은 일부분을 차지한다. 절대 수준의 기술이나 기능을 요하는 IT나 제조 분야에서는 다소 다를 수도 있지만, 실전 업무 수행과 토론 및 프로젝트 경험 등을 통한 성장의 중요도가 높다.

세상에서 떠들어대는 유명 교육 과정 중 하나를 진행하겠다고 제안하면 거절된 확률이 높다. 왜 그 과정을 진행해야 하는지, 그 과정이 비전과 사업전략을 실현하는 데 구체적으로 어떻게 도움을 줄 수 있는지, 핵심 역량 중 어떤 역량을 키워줄 수 있는지 등에 대한 논리적 근거를 제시할 수 없다면 말이다.

이러한 까닭에 과거 나를 찾은 외부 교육 컨설팅업체 가운데 'S그룹 전사 팀장들에게 실시하여 엄청난 호평을 받은 과정'이라는 셀링 포인트로 서비스를 제안했던 이들은 외면당할 수밖에 없었다. 남들에게 좋았다는 이유로 채택하지는 않는 것이다.

70:20:10 법칙

다국적기업 인재 육성 전략의 주요 원칙을 설명하는 몇 가지 키워드가 있다.

첫째, 연관성, 얼라인먼트(Alignment)라고도 한다. 기업 전략과 비즈니스 솔루션에 연계된 프로그램을 디자인한다는 것이다.

둘째, 집중과 균형이다. 주요 핵심 계층에 먼저 균형적 투자를 한다.

셋째, 핵심 역량이다. 조직의 핵심 역량과 리더십 원칙을 향상시키는 데 초점을 맞춘다.

넷째, 글로벌 전략과 현지화 실행이다. 글로벌 전략을 근간으로 하지만 어떻게 현지화할지를 고민한다.

끝으로, '70:20:10 법칙' 준수다. 구성원을 성장시키는 옵션으로 현장에서 도전적 업무나 프로젝트를 통한 훈련과 성장의 비중을 70%, 코칭이나 자기계발, 학습 등을 통한 비중을 20%, 정규 전통적인 교육 프로그램의 비중을 10%로 잡는 것인데, 국내에서는 아직 생소한 개념일 것이다.

이러한 원칙, 특히 70:20:10의 법칙 등으로 인해 다국적기업을 벤치마킹하려는 한국 기업들에게는 세계 최고 기업의 인재 육성 프로그램이 의외로 간단하게 느껴질 수 있다.

그냥 전통적 프로그램 관점에서 예를 들자면, 신입 구성원의 오리엔테이션, 분기별 매니저 워크숍, 신임 임원을 위한 맞춤형 프로그램,

핵심 인재 훈련 과정, 일부 매니지먼트 역량 과정 등이 전부이다.

대학을 갓 졸업한 백지 상태의 신입사원을 뽑아 하나하나 가르쳐 숙련시키는 국내 기업 문화와는 달리, 이미 '준비된 선수'들을 선발해서 바로 비즈니스 현장에 투입하는 다국적기업의 인재 운용 방식은 때로 이질적으로 느껴질 수 있다.

그러나 IMF 금융위기에 이어, 이번에 코로나 사태를 거치면서 국내의 고용시장 역시 경력사원 중심 채용으로 그 판도가 완전히 바뀌고 있다. 이제는 다국적기업의 인재 육성 전략에 대한 고찰과 응용이 그 어느 때보다도 필요한 시기가 오고야 말았다.

끝으로 반드시 첨언하고 싶은 그들만의 특이점이 있다.

그들의 인재 육성 전략은 채용과 성과 관리 프로세스와 매우 밀접하게 연동된다는 것이다. 구성원을 선발하는 데 있어 이미 절대적인 기준과 까다로움으로 접근하기 때문에 육성과 관리로 넘어가는 게 훨씬 용이하다.

그리고 단순 고과 평가가 아니라 성과 관리 프로세스의 연장선에서 인력을 관찰하고 코칭한다. 미래 지향적인 진단과 평가를 통해 피드백을 하는 본 성과 관리가 인재 육성 과정에서 매우 크고 의미 있는 비중을 차지하고 있다.

20여 년이 넘는 나의 다국적기업 커리어를 뒤돌아보더라도 회사에서 제공한 양질의 글로벌 프로그램에 참여한 것이 성장에 결정적이었다는 생각은 별로 들지 않는다.

오히려 실력 있고 노련한 보스들과 함께 비즈니스 목표와 커리어 목표를 수립하고, 결과를 만들어가고, 서로 토론하고, 도움을 요청하고, 피드백 받고, 때로는 관련 프로젝트에 주도적으로 참여하고, 필요하다면 조직 안팎의 또 다른 코치와 멘토를 만나 다양한 각도에서 조언을 받으면서 현업에 응용해 보았던 일련의 과정이 반복되고 경험으로 축적되면서 성장이라는 열매를 거둘 수 있었다.

인재 육성 전략과 프로그램은 외부에 보여주기 위한 것일 필요도 없고, 그래서도 안 된다.

입문 과정, 보수교육 과정, 인문학 과정, 독서교육, 정보통신교육, 어학교육, 자기계발 과정, 취미교실 등 흡사 백화점 문화센터 강좌 프로그램 소개와 같은 다양한 교육 프로그램을 담은 화려한 안내 책자와 홈페이지가 무슨 의미일까?

이제 기업들은 좀 더 실질적인 접근으로 시선을 돌려야 한다. 각 기업에 맞는 고유의 인재 육성전략으로 조직과 개인이 지속적으로 성장하고, 외부의 누군가가 쉽게 카피할 수 없는 독특한 핵심 역량과 노하우를 축적시키는 것, 그리고 그런 조직 구성원이 되기 위해 또 누군가는 도전을 꿈꾸게 하는 것 말이다.

노포 식당의 겉모습은 결코 화려하지 않다. 메뉴도 몇 가지 없다. 그런데 참 맛이 좋다. 많은 손님들이 계속 오고 가고 또 누군가는 비법을 배우려고 한다.

한번 가보면 웬만해선 없어질 것 같지 않다는 강렬한 느낌이 온다.

다국적기업의 인재 육성 전략 또한 참으로 심플하다. 그런데 뭔가 파워풀하다.

헤드헌터가 된 CEO

이미 고인이 된 분이지만 한국이 낳은 전설적인 CEO로 불리던 분과 잠시 일할 기회가 있었다. 당시 나는 인사총괄 책임자가 아니었지만 이분을 자주 뵙고 대화할 기회가 있었다.

이분은 일에 대한 열정이 남다르기도 했고 뛰어난 통찰력으로 엄청난 성과를 냈기에 은퇴 이후 글로벌 본사의 러브콜을 받아 한국 대표이사로 다시 부임한 터였다.

식사를 하든, 커피를 마시든, 술 한잔을 하든 이 분이 나에게 꼭 묻는 것이 있었다. '요즘 시장에서 제일 핫한 프로는 누구냐'는 것이었다.

동시에 따라오는 질문과 요청 사항은 이런 인재를 가장 잘 찾아내고 기업과 연결해 주는 헤드헌터는 누구냐는 것과 그럼 그들에게 의뢰하여 지금 시장에서 '선수'로 꼽히는 인재들의 목록을 완성해서 모두 한 번씩 만나게 해주었으면 좋겠다는 것이었다.

인재 전쟁의 시대라는 말들을 자주 한다. 그런데 기업 입장에서 이는 한참 업데이트가 안 된 표현이다.

인재 전쟁의 시즌 2, 시즌 3는 이미 개막이 되었기 때문이다.

4차 산업혁명, 디지털 트랜스포메이션 시대에 기업은 필연적으로 새롭게 업그레이드된 인재들을 필요로 한다. 그러나 시장의 변화 속도와 인재 수요의 폭에 비해 충분히 훈련된 인재의 공급량은 절대적으로 부족하다.

이러한 팩트 체크에 대해서 대다수 경영자들은 머리로는 동의할 것이다. 그런데 몸은 지금 어떤 전략으로 대응하고 있을까?

인재전쟁에서의 승리를 위한 작전은 세웠는가? 아니면, 대충 버티면 어떻게 되지 않을까, 라는 근거 없는 낙관론에 빠져 있는가?

위기와 불확실의 시대일수록 인재가 더 절실하다. 기업은 물론이고 어떤 조직이든 좋은 성과를 내고 지속적인 성장을 하기 위해서는 인재가 중요하다는 것은 아무리 강조해도 지나치지 않다. 인사업무를 시작하고 연차가 쌓여가면서 인재의 중요성에 대해서는 귀에 딱지가 앉도록 들어왔다.

그러나 꽤 오랜 시간을 글로벌 톱클래스 기업에서 인사총괄 임원으로 일하며 직접 CEO들을 상대하고 본사의 거물급 임원들을 만나면서 인재를 향한 그들의 구애와 열정이 상상을 초월한다는 것을 새삼 느끼게 되었다. 눈이 휘둥그레질 만한 고액의 연봉을 받는 CEO들이 직접 팔을 걷어붙이고 전 세계를 돌아다니면서 인재를 찾아 나서는 것을 일상적으로 목격했기 때문이다.

그들 자체가 이미 헤드헌터 수준이다. 심지어 글로벌 본사의 최고 경영자들은 불과 하루 이틀의 짧은 출장 기간에도 현지 시장의 '유망주'들과의 만남을 꼭 성사시켜 달라고 사전에 주문을 하곤 한다.

흡사 프로 스포츠 세계의 코치와 스카우터들이 숨은 진주를 발굴하기 위해 경기가 열리는 곳이면 전 세계 어디라도 날아가는 것과 비슷하다.

절대 타협하지 않는 그들의 기준

그러나 최종 영입을 위한 의사결정 단계에서는 절대 기준으로 돌아가 타협을 불허한다. 실제 마이크로소프트에서 임원급 이상을 선발할 때는 모든 면접위원이 만장일치로 의견 합의를 하지 않는 한 다음 단계로 넘어가지 않는다. 아마존이나 구글에도 모양새는 조금 다를지 몰라도 절대 타협하지 않는 그들만의 기준이 존재한다.

오늘날 여러 국내 기업의 CEO들도 톱클래스 글로벌 기업 못지않게 그들만의 인재에 대한 철학과 원칙을 지켜내기 위해서 애쓰고 있다.

결국 모든 CEO는 인재를 발굴해내고 훈련시키고 지켜내는 것을 최우선 순위에 두어야 한다는 것에는 재론의 여지가 없다. 비즈니스의 결과와 숫자를 놓친 CEO의 앞날은 불안할 수 밖에 없다. 그런데 이를 위한 선행 조건으로 뛰어난 인재가 절실하다는 것을 알기에 성공하는 CEO들은 절대로 사람을 채용하는 데 있어서 적당히 타협하려고 하지 않는 것이다.

남다른 열정으로 인재들이 모일 만한 커뮤니티 현장을 방문하고, 단순한 주입식 교육이 아닌 남다른 방법으로 철저하게 인재를 육성하고 코칭하는 사례도 증가하고 있다.

얼마 전 평소 알고 지내던 두 군데 국내 기업 CEO에게 임원급 두 명을 각각 추천해 최적의 인연을 맺어준 경험이 있다.

이런 사례도 나쁘지는 않지만 적어도 기업의 최고경영자와 임원이라면 언제라도 능력과 잠재력이 있는 인재들과 효과적으로 연결할 수 있는 가능성과 확장성을 포함한 네트워크를 구축할 필요가 있다.

그러한 작업들을 평소에 꾸준히, 체계적으로 해놓기를 당부한다. 오래전에 읽었던 경영서 가운데『CEO의 다이어리엔 뭔가 비밀이 있다』(니시무라 아키라 지음)라는 책이 있다.

이 책은 인재 전쟁에 관한 내용이 아닌, 효과적인 시간 관리라는 주제를 다루고 있다. 그렇지만 책의 제목처럼 CEO들의 다이어리에도 이제는 인재에 대한 중요하고도 유용한 정보들이 하나둘 기록되고 활용되기를 기대해 본다.

해외시장으로는 물론, 테헤란밸리로, 판교밸리로의 대규모 '인재 엑소더스' 때문에 적지 않은 대기업들이 요즘 몸살을 앓고 있다고 한다.

동서고금을 막론하고 인류 역사는 '인재를 얻는 자가 천하를 얻는다'고 말한다. 굳이 유비의 삼고초려(三顧草廬) 일화를 새삼 들추어낼 필요까지는 없겠지만 지금도 새로운 도전을 꿈꾸는 많은 인재들은 남다른 인재를 찾고 있는 누군가의 러브콜을 기다리고 있을 것이다.

인재를 찾아내고 육성하고 관리하는 기본기를 다시 한번 점검해 봐야 할 시기이다. 어쩌면 지방 기업이나 중소기업에게 이는 더 중요한 문제일지도 모른다.

경영자들의 새로운 용병술이 더욱 분주히 빛을 발해야만 할 때이다.

구성원의 커리어와
향후 진로까지 챙기는 조직이라면

벌써 거의 20년 전 일이다. 나는 한 외국기업에 근무하고 있었다.

급여와 복리후생도 경쟁력이 있었고, 회사도 엄청난 성장세였다. 무엇보다 이 회사는 직원들의 역량 개발을 위해 상시적 경력 개발 프로그램에 신경을 많이 썼다.

그런데 회사의 기대 수준에 미치지 못하는 성과를 내면서도 스스로는 일을 잘하는 핵심 인재라고 착각하는 한 직원이 불만을 품고, 승진과 급여 인상을 요구하면서 일종의 태업(怠業) 시위를 벌였다.

이 사태는 해당 매니저의 상당히 파격적인 대응으로 해결되었다. 매니저가 직원에게 말했다. "나는 당신이 대단한 인재라고 생각하지는 않는다. 내 말에 동의하지 못하면 한 달의 시간을 줄 테니, 근무시간을 자유롭게 이용해서 회사 밖에서 당신을 탐낸다는 기업들에 지원을 해봐라. 우리보다 더 좋은 조건을 제시하는 기업의 '잡 오퍼 레터(Job offer letter)'를 가져온다면 당신에 대한 편견을 지우고 재고하겠다."

얼마 가지 않아 그 직원은 매니저에게 말 그대로 꼬리를 내렸다.

주제 파악 못하고 상사에게 덤비는(?) 직원은 이렇게 다루면 된다는 얘기가 절대 아니다. 다만 세 가지 화두를 던지고 싶다.

하나, 구성원의 커리어와 향후 진로에 대해 투명하고 전향적인 자세로 논할 수 있는 열린 조직 문화인가?

둘, 리더와 회사 경영진의 관점에서 구성원의 시장 가치에 대해서 냉정하게 평가할 수 있는 통찰력을 갖고 있는가?

셋, 리더 자신을 포함해서 구성원들에게 회사의 성장과 더불어 개인 커리어 성장을 추구할 수 있도록 훈련하는 프로그램이 있는가?

이 세 가지 질문에 대해 당신은 자신 있게 '예스' 할 수 있는가? 다시 말해서 성을 쌓고 통제하고 문단속하기보다는 필요하다면 세상과 자유롭게 연결하고 바라볼 수 있는 길을 만들 자신이 있냐는 것이다.

'예스'라고 대답하기에 주저된다면 성을 겹겹이 쌓아서 지키며 충성을 기대하는 것이 임직원 행복과 회사의 중단 없는 성장에 훨씬 더 효과적이라는 근거를 한번 제시해 보기를 바란다.

"당신의 커리어 목표는 무엇인가?"

다국적기업에서 근무할 때, 보스는 잊을 만하면 이런 질문을 했다. 또 다음 커리어 도전을 위해 인터뷰를 할 때에도 이 질문은 빠지지 않았다.

이제 이 질문을 직원들에게 좀 더 자주 던져보자. 물론 모든 직원이 이 질문을 좋아하고 소화할 수 있는 것은 '절대' 아니다.

자신의 입으로 이러이러한 커리어 목표가 있고 성장하고 싶다고 말하는 사람조차도 뚜껑을 열면 실상은 소망은커녕 성장 목표조차 없는 경우가 상당하다.

중소기업이나 스타트업은 물론이려니와 대기업이나 다국적기업 역시 비슷한 상황일 수 있다. 그럼에도 이런 대화가 구성원과 관리자 사이에서 그리고 회사 전체의 공식적인 회의에서 오픈 마인드로, 진지하게, 좀 더 체계적으로 이루어지고 그다음 단계로의 진전이 있어야 한다.

길을 만들 것인가 vs 성을 쌓을 것인가

중요한 것은, 이러한 변화의 궁극적 지향점은 '길'을 만드는 것이라는 점이다. 조직이 여기에서 머물지 않고 더 탄탄하게 성장할 수 있는 길 말이다.

더 좋은 인재들이 이 회사로 들어올 수 있는 길, 기존의 구성원들이,

또 선배들이 새로운 도전을 찾아 건강하게 외지로 떠날 수 있도록 해주는 길과 문화를 건설하는 것이다. 당연히 제도와 문화 그리고 리더십의 변화가 따라야 한다.

앞서 강조한 종합적인 개념의 성과 관리 프로세스와 연계해서 커리어 개발을 돕는 프로그램이나 전직 지원 프로그램 등도 형식적인 내용이 아닌 실질적인 콘텐츠로 운영될 필요가 있다.

회사를 떠날 때, 떠난 후에도 도움이 되는 프로그램에 대한 논의나 설계를 더이상 금기시 할 필요가 없다.

나는 다국적기업에 다니면서 시장에서의 내 커리어 브랜드와 향후 계획에 대해서 경영진 앞에서 프레젠테이션을 하곤 했다. 학습과 인재 육성은 기업은 물론 개인 생존에도 직결되는 것이다. 미국 실리콘밸리의 '평생학습' 트렌드도 이와 무관하지는 않다.

우리가 갖고 있는 지식의 유통 기간은 점점 짧아지고 있다. 그래서 밀레니얼 세대와 진짜 핵심 인재들은 직장 선택의 중요한 기준으로 자신의 역량이 얼마나 성장할 수 있는 곳인가로 삼고 있다.

과거 금전적 보상으로 만족했던 직원들이 이제 코칭이나 구성원 성장에 대한 투자가 이루어지고, 학습 문화가 살아있는 근무 환경, 엘리트 동료들과 함께 일할 수 있는 경험을 선호하기 시작했다.

단절되지 않는 총체적 성과 관리나 경력 개발을 돕는 것이 기업의 인재 육성 전략에도 접목되는 것이 당연한 시대가 온 것이다.

이제는 그렇게 커리어를 만들어가는 모습을 리더들이 먼저 보여줄 수 있어야 한다. 평생을 순한 양처럼 고분고분 시키는 대로 최선을 다했던 선배들이 회사 밖으로 나가는 순간, 힘 한번 써보지 못하고 중원의 칼 바람에 맥없이 쓰러지는 모습은 남아있는 그리고 또 새롭게 입사할 미래의 인재들에게 어떤 메시지를 던져 줄까?

비전이 없다고 투덜대기만 하는 구성원에게도 분명 문제는 있지만, 정말 배울 것 없고 미래의 리더로 성장하도록 도와줄 수 있는 진정한 리더가 없는 회사라는 이야기보다 더 치욕스러운 말이 또 있을까?

현실적으로는 경영진과 인재 육성 부서가 방향을 잡고 컨트롤타워 역할을 하는 것이 맞겠지만, 이제는 인재 육성의 책임과 주도권도 그 무게 중심이 관리자와 직원 개인으로 이동되어야 한다.

'하고 싶은 일=해야만 하는 일'이라는 이상적 커리어를 즐기는 리더와 베테랑 선배들이 어제보다 더 많이 탄생할 때 조직도 사회도 국가도 더욱 건강해질 것이다.

미국의 한 유명한 유니콘 기업에서 자주 볼 수 있는 장면이다. 여기 한 지원자가 있다. 이제 본인만 최종 의사결정을 내리면 이 회사에 입사할 수 있는 상황이다.

그러나 무슨 고민이 있는지 최종 결정을 앞두고 다소 주저하는 모습을 보인다. 이때 채용 책임자가 이런 메시지를 던지자 그는 입사를 결정한다.

"당신이 우리 기업을 최종적으로 선택한다면 당신은 세계 최고의 인재들을 동료로 만나 한팀으로 일할 수 있는 가장 큰 혜택을 누리게 될 것입니다."

중국은 성을 쌓았고, 로마는 길을 만들었다. 어찌 역사를 한 평범한 사람이 평가할 수 있겠는가? 그렇다 하더라도 이제 기업은 더 늦기 전에 뛰어난 인재들이 오갈 수 있는 길을 만들고 플랫폼을 구축해야 할 때가 아닌가 싶다.

이런 문화가 축적되고 철학이 되어 뿌리를 내리면 좋은 인재는 계속 제 발로 찾아올 것이다. 새로운 도전을 원하는 직원은 새로운 커리어 여행을 두려움 없이 하고 새로운 곳에서도 필요한 인재가 되는 선순환이 이루어질 것이다.

포스트 코로나 시대의 회복탄력성

코로나 팬데믹 및 포스트 코로나 시대에 모든 구성원들에게 회복탄력성이 필수 역량으로 새삼 주목받고 있다.

사실 다국적기업에서는 이미 10여 년 이전부터 리더가 갖추어야 할 주된 역량(성향이나 기질) 가운데 하나로 이 회복탄력성을 꾸준히 강조해 왔다. 최근 들어 그 중요성이 더 강조되고 있을 뿐이다.

회복탄력성은 흔히 인생의 어려운 사건으로부터 회복하는 개인의 능력이라 정의한다. 여기에 의학전문가들은 단순히 어려운 상황에서의 회복이 아니라, 인생의 내리막길이란 역경을 견디어 내고 회복하여 다시 성장하는 것임을 강조한다.

'긍정심리자본(Psychological Capital)' 이론을 주창한 프레드 루선스(Fred Luthans) 교수는 회복탄력성이 높은 사람은 변화 상황에 잘 대처하고 자신이 직면한 난관이나 새로운 경험에 독특하면서도 긍정적인 가치를 부여함으로써 정서적 안정감을 유지한다고 주장한다.

회복탄력성이 높으면 개인과 조직 모두에게 이점이 있다.

예를 들자면, 높은 수준의 회복탄력성은 배움과 학습 성취도를 개선하고, 직무 참여도나 몰입도를 높일 수 있고, 절제와 신중함이 있기에 위험 요소를 줄일 수도 있다. 도전적인 상황에도 잘 대처하고, 번아웃(Burnout) 증후군을 피할 수 있고, 조직 내에서의 커뮤니케이션도 활발하다.

무엇보다도 높은 수준의 회복탄력성은 비즈니스나 삶의 전망에 대해 긍정적인 접근을 가능하게 하여, 궁극적으로 더 나은 수준의 문제 해결이나 동기부여를 돕는다고 전문가들은 입을 모은다. 결국 침체기를 극복하고 다시 성공으로 진입할 가능성을 높이는 것이다.

목표 달성 과정에서 필연적으로 실패나 좌절을 경험할 수밖에 없는 것이 비즈니스 세계이다. 그런데 코로나 바이러스라는 복병의 공격으로 불확실성과 변화가 가중되다 보니 심리적 충격과 무력감이 더 커졌다. 코로나 이후에도 상황은 만만치 않을 것이다.

일하는 방식이나 노동력 등을 포함해서 너무 많은 것이 변했기 때문이다. 시시각각 요동치는 상황 변화를 시스템만으로는 효과적으로 통제할 수는 없다. 상시적인 원격 근무가 일상화되고 일하는 방식과 일하는 인력의 다변화로 같은 공간에서 이전만큼의 물리적 상호작용이 이루어지기는 어렵다.

결국, 개인 구성원의 역량, 자율성 및 마인드 세트가 기업의 위기 탈출과 새로운 시대 성공의 핵심 열쇠가 되어버렸다. 개인의 회복탄력성에 더욱 주목할 수밖에 없는 현실이다.

이렇듯 회복탄력성이 중요하지만 이를 강화하거나 새롭게 구축하는 데는 한계점이 있다. 표면적으로 이를 위한 노력이 과거의 조직 문화 관련 어젠다와 비교해서 그리 특별해 보이지 않을 수도 있기 때문이다.

다른 한계점은 경영진이 회복탄력성 촉진을 도울 수는 있지만, 지극히 개인적 영역이라는 점이다. 보통 개인의 신체적, 감정적, 영적, 그리고 정신적 영역을 회복탄력성의 네 가지 주요 축으로 구분하곤 한다.

때문에 임직원들을 소속감과 충성심으로 묶어서 관리하려는 국내 기업들의 관성이 장애물이 될 수도 있는 것이다.

'구성원의 눈높이에서 현상을 해석해 주는 리더의 노력'

이런 배경 때문에 기업은 보통 구성원들의 신체적, 심리적 웰빙을 관리해 주는 프로그램 도입으로 시동을 건다. 나도 과거 다국적기업에서 임원으로 재직 시 해외 출장을 가면 꼭 이런 주제 관련 세미나에 참여하곤 했다.

2009년에 이베이에 처음 입사했을 때, 만 5년을 근무하면 자아를 찾고 재충전을 하기 위해 한 달간 무조건 휴가를 써야 하는 제도가 있었다. 최근 국내 한 제약사는 건강 관리 코치 앱을 임직원들에게 제공하여 이를 통해 식단과 운동량, 운동법 등을 조언해 줌으로써 구성원 스스로가 건강을 관리하는 습관을 갖도록 장려한다.

미국 AT&T는 구성원의 멘탈 관리에 관심을 기울인다. 특히 승진 발표나 직무 이동 등의 조직 변경 시 구성원들의 감정과 사기 변화를 예의 주시하고 분석하며, 상담이나 교육 등을 통해 개별 멘탈 케어를 실시한다.

일부 국내 대기업과 다국적기업들도 최근 마음을 다스리는 명상 관련 프로그램을 도입하여 운영하고 있다. 이외에 구성원을 위한 일대일 고충 상담 서비스나 웰니스(Wellness) 컨설팅 서비스 프로그램도 다국적기업을 중심으로 시작되어 점차 국내 기업으로도 확산하고 있다.

신체적, 심리적 웰빙과 더불어 이제 기업들은 업무 공간을 새롭게 디자인하는 데에도 적지 않은 투자를 하고 있다. 이는 구성원들, 특히 젊은 MZ 세대들에게 환영받고 있는 프로그램이다. 프로그램의 의도는 구성원의 몰입과 창의력을 높이는 데 초점이 맞추어져 있다. 이미 언론을 통해 심심찮게 보도된 것처럼, 미국의 다국적기업 구글이나 픽사 등은 마치 놀이터와 같은 사무공간을 제공하여 구성원이나 구직자들에게 어필한다.

이들 못지않게 한국마이크로소프트, 라이나생명보험(미국 금융사 시그나그룹), 유한킴벌리 등도 꽤 오래전에 모바일 오피스의 개념을 도입해 놓이터, 스튜디오, 공유 오피스의 개념을 함께 구현하면서 자유로움과 여유 속에서 몰입과 창의력을 촉진하는 작업 공간을 마련했다.

색다른 기업 문화로 화제가 된 국내 소프트웨어 스타트업 제니퍼소프트의 경우는 사내에 키즈 카페와 수영장을 설치하여 근무시간 중에도 육아와 놀이와 휴식, 웰빙의 공간으로 적극 활용하도록 장려하고 있다.

구성원의 몰입과 창의력을 높이는 공간 재구성에서 한 걸음 더 나아가서 기업들은 일명 '워터 쿨러 효과(Water cooler effect)'를 어떻게 촉진할 것인지도 함께 고민하고 있다.

이는 사무실 한쪽이나 복도에 음료수를 마실 수 있는 공간인 캔틴(Canteen)이 있으면 사람들이 이 장소에서 편안하게 대화를 할 수 있게 되어, 상호작용이 활발해지고 업무 생산성도 높아지는 현상을 뜻한다.

단순히 사내 캔틴을 설치하는 것 이상의 의미이다. 실제 미국 미시간대학교에서 172명의 과학자를 관찰하여 연구한 바에 따르면, 일상 업무 공간이나 동선이 겹치는 과학자들이 공동 연구를 할 가능성이 더 높고, 겹치는 공간이 약 30.5 미터 늘어날 때마다 공동 연구가 20%씩 증가한다는 흥미로운 결과가 나왔다.

뱅크오브아메리카는 이 워터 쿨러 효과를 활용해서 사내 휴게실에 최고급 커피 머신을 비치하고, 테이블의 레이아웃을 재배치하고, 임직원 커피 타임을 의도적으로 조정함으로써 스트레스에 시달리던 콜센터 직원들의 정서 관리와 이직률 감소에 효과를 보기도 했다.

끝으로 특별한 교육이나 복리후생 프로그램이 아닌 비즈니스의 일상에서 개인 수준의 회복탄력성 제고를 하는 노력도 절대로 놓쳐서는 안 될 부분이다. 리더의 적극적인 코칭과 커뮤니케이션이 성공의 열쇠가 된다.

이 부분은 위기 극복과 재도약에 어쩌면 가장 직접적인 영향을 줄 수도 있다. 리더와 구성원 간의 정기적, 비정기적 코칭 대화나 상담을 통해 이루어지는 것이 바람직하다.

장기화되는 경기 침체 속에서 성과가 나오지 않거나 원치 않는 새로운 직무나 프로젝트를 맡게 되었을 때 그 의미를 구성원의 눈높이에서 재해석을 해주어서 부정적인 생각을 긍정적으로 바꾸어 주는 것이 핵심 내용이다.

기업은 생각만큼 이 부분에 주목하지 않은 경향이 있다. 내가 경험한 수많은 기업 현장에서는 이런 대화가 잘 이루어지지 않았다. 특히 '구성원의 눈높이에서' 현상을 해석해 주는 리더의 노력과 역량이 여전히 부족한 것은 조속히 풀어야 할 중요한 숙제이다.

정보와 사람에게 잘 접속하는 리더들의 노웨어 매니지먼트

영화예술 분야 최고 권위의 오스카 영화제에서 그랑프리를 수상한 우리 영화 〈기생충〉을 재미있게 감상했다.

영화 후반부의 한 장면이 유독 눈길을 끌었다. 세상 사람들의 이목을 속이고 대저택의 지하 벙커에서 은둔 생활을 하는 주인공이 언젠가는 수신이 될 것이라는 희망을 안고 옥외등을 이용해 아들에게 계속 모스부호를 보내는 장면이다.

어느 날 인근 야산에서 망원경으로 유심히 저택을 관찰하던 아들이 마침내 그 메시지를 받아 다시 회신을 한다. 부자간에 '접속'이 되고 약해 보이지만 단절되지 않는 '유대 관계'가 재건되는 순간이다.

리더나 조직의 성공 요인을 말할 때도 이 연결과 소통이 항상 단골 메뉴로 등장한다. 그 어느 때보다 초연결 시대를 살고 있다고는 하지만 아이러니하게도 우리는 인간적 연결과 관계가 가장 심각하게 단절된 세상에 살고 있다.

우리에겐 네트워킹이 필요하다. 특히 리더에게는 조직 안팎으로 연결될 수 있는 네트워킹 활동이 필요하다. 조직 내에서 구성원들은 서로 언어적·비언어적 형태로 쉼 없이 이야기하고 싶다고, 도와 달라는 메시지를 보낸다. 그러나 대부분 이를 즉시 간파하지 못한다.

네트워킹이라고 하면 한국 사회에서는 인맥 쌓기 정도로 생각하곤 한다. 상사의 비위를 맞추어 주고, 주변에 적을 만들지 않는 정도, 그리고 영향력 있는 사람 주변에서 서성거리면서 그들의 눈도장을 확실히 찍는 단계까지 이르는 것 등등.

개인이 열심히 인맥을 쌓고 처세를 잘 하는 것 자체를 비난할 수는 없지만 이런 균형 잃은 전통적 관념에서는 조금 벗어날 필요가 있다. 자칫 '라인'과 '이너서클'이 형성되면서 밀실 정치의 병폐를 야기할 수도 있기 때문이다.

우리가 지향해야 할 진짜 인적 네트워킹은 건강한 공백과 간격이 유지되는 관계이다. 미래학자들은 21세기는 지식인 자체가 성공하는 것이 아니라 정보와 사람에 잘 접속되는 자, '노웨어(Know-where) 매니지먼트'를 잘하는 자가 성공한다고 예측한다.

해외에서는 실제 네트워킹 교육을 받은 임원이 그렇지 못한 그룹에

비해 최고 42%까지 성과를 더 잘 내고, 72% 더 승진할 확률이 높고, 74% 이직률이 낮아질 수 있다는 연구 결과까지 등장했다. 이쯤 되면 조직이 나서서 네트워킹을 가르쳐주고 권장해야 하는 것은 아닐까? 리더들에게 진정한 네트워킹을 가르쳐야 할 이유인 것이다.

리더의 '매니지먼트 트라이앵글'

다국적기업 재직 시 임원들이 글로벌 컨퍼런스에 참석할 때는 아예 외부 전문가를 초빙해서 반나절 동안 네트워킹의 의미와 이것이 영향을 미치는 정도를 가상의 인맥 지도를 그려가면서 소상히 설명하고 토론하기도 했다.

CEO들은 특히 임원들에게 '제발 자리에만 앉아있지 말고 조직 밖까지 넘나들면서 다양한 전문가들과 교류하라'는 메시지를 전달하고 강조했다. 포괄적 개념으로, 학문적으로 사회적 자본(Social capital)이라고도 불릴 수 있는 인적 네트워크는 불확실한 환경 속에서 기업의 세계화를 가능하게 한다.

실제로 많은 외국기업들은 그들의 네트워킹 활동을 통해 집중적인 관계 형성을 주도하고 있다. 리더십 차원에서도 의미가 있다. 전통적인 톱 매니지먼트의 리더십 역할에서도 네트워커로서의 리더의 역할이 늘 강조된다.

기본적인 개념에서의 네트워킹 활동은 크게 사람들과의 관계를 형성하고(Building network), 유지하고(Maintaining network), 이를 활용하는 것으로(Using network) 정리할 수 있다. 조직 입장에서는 자연스럽게 다음의 활동을 권하는 열린 문화를 만들면 좋다.

- 새로운 사람들을 만나고 적극적으로 명함을 주고받는 일
- 건강한 관계 유지를 위한 전화, 이메일, SNS 메시지, 유용한 정보 링크 등 보내기
- 업무나 커리어에 도움을 준 사람에게 감사 메시지나 선물 보내기
- 회사 밖 사람들과의 꾸준한 점심식사
- 퇴근 후 저녁 식사/술자리 등 모임 참여
- 운동 및 기타 동호회 활동 모임
- 봉사활동, 재능기부 활동
- 전문적인 세미나 워크숍, 컨퍼런스 참여
- 회사 안팎 사람들과의 교류를 통해 비즈니스 관련 정보 구하기
- 전문적인 세미나, 워크숍에서 연사나 패널리스트로 활동
- 전문 매체나 신문에 기고 등

그렇다면 실질적으로 리더가 회사 안에서 먼저 네트워킹을 실천할 수 있는 방법은 무엇일까? '매니지먼트 트라이앵글'이라고 부를 수 있는 세 개의 접점을 기억하면 된다.
리더 자신, 상사 그리고 조직이 그것이다.

리더는 열려 있고 우선적으로 구성원들을 위해 '스탠바이'가 되어있어야 한다. 사람들이 문제를 들고 찾아왔을 때 최소한 실마리를 던져 줄 수 있어야 한다.

그다음은 상사와의 연결이다. 당연히 그의 비즈니스 우선 순위와 선호하는 일하는 방식을 이해하는 것이 중요하다.

그러나 상사를 잠 못 이루게 하는 것이 무엇인지, 그 어깨를 짓누르는 것이 무엇인지를 이해하고 풀어주려고 애쓰는 일이 더 중요하다.

조직과의 연결에 있어서는 다양한 채널을 통한 구성원들의 진짜 '아픈 곳'이 어딘지를 알 수 있어야 한다. 조직 전체의 역학관계를 그려볼 수 있어야 한다.

이것은 핵심 인재를 포함한 좀 더 효율적인 사람과 조직 관리 및 부서 간 갈등 중재의 출발점이 될 수 있다.

끝으로 이런 인적 네트워킹의 필수 전제 요건이 있다.

그것은 우리 자신 스스로 먼저 착한 '기버(Giver)'가 되는 것이다. 좀 손해를 보는 느낌이 들더라도 착한 '호구(虎口)' 취급을 당하며 살아가는 것이 장기적으로 보았을 때는 더 남는 장사가 되는 경우가 거의 확실하다.

오늘날처럼 소셜 미디어 등으로 촘촘히 연결된 네트워크 사회에서 결국 선행은 드러나고 모두가 찾는 필요한 사람으로 자리매김을 하기 마련이다.

의외로 많은 경비가 들어가지 않고 특별한 재주도 그리 필요하지 않은 것이 조직 안팎에서의 네트워킹 활동이다.

　네트워크로부터 단절되어 사람들이 더이상 자발적으로 찾지 않고 가치가 상실되어버린 리더가 아닌, 사람과 사람 그리고 조직을 연결해 줄 수 있는 '슈퍼 서포터즈'라는 멋진 리더로 거듭날 수 있다면 개인적으로도 조직적으로도 참 의미 있는 일이 될 것이다.

외국계기업으로의
성공적인 이직을 꿈꾼다면

"밥은 먹고 살 만합니까?"

"그런데 그 회사가 갑자기 본국으로 철수라도 하면 어쩌려고 합니까?".

당대 한국 최고의 기업을 그만두고 다국적기업으로 직장을 옮긴 후, 이전 직장동료 및 지인들에게 가장 많이 들었던 이야기이다. 나를 바라보던 걱정스러운 눈빛들이 있었다.

한때 외국계기업은 겉만 번지레하고 영어 좀 하는 이들이 가는 회사라고 오해를 받던 적도 있었다. 그럼에도 실제로 다국적기업 출신들이 굶어 죽었다는 이야기는 들어본 적이 없다. 국내 기업 출신들이 퇴사 후 시장에서 러브 콜이 끊기거나 새로운 조직에서 고전한다는 이야기는 상대적으로 자주 접하곤 한다.

글로벌화에 네트워크로 연결되는 지구촌 시장에서는 다국적기업 DNA에 대한 수요가 더 늘어날 것 같다. MZ 세대로 대변되는 새로운 노동 인력들 역시 뭔가 열려 있는 기업 문화를 원한다.

이런 패러다임의 전환이 하룻밤 사이 이루어질 수 없겠지만, 포스트 코로나 시대에 다국적기업 인력의 DNA를 제대로 이해해서 기업 경영, 특히 인력 및 조직 관리에 응용할 이유는 충분하다.

다국적기업이 원하는 세 가지 역량

다국적기업들은 어떤 인재상을 강조할까? 〈포춘〉이 선정한 500대 주요 다국적기업들의 핵심 가치나 핵심 역량 및 리더십 원칙을 지면에 출력하면 아마도 엄청난 분량이 될 것이다. 그러나 우리 기업들이 미래의 인재 영입과 육성이라는 측면에서, 새로운 각도에서 풀어본다면 간단히 세 가지 키워드로 정리할 수 있다.

첫째, 경험과 실적으로 대변되는 개인적 특성이다.

자기만의 핵심 역량이나 전문성으로 대변되는 특징(기질)이라고도 할 수 있다. 그러나 무조건 특정 기질을 갖춘 인재를 원하지는 않는다. 이러한 것들이 기업이 추구하는 철학이나 방향과 일치하는 가운데 기업의 당면 과제나 미래의 먹거리를 찾아내는 데 필요한 역량이나 특성과 맞아야 한다. 그리고 이러한 콘텐츠는 타고난 것도 있겠지만 기업의 입장에서는 후천적인 학습과 훈련으로 개발되는 것을 선호하기도 한다.

말로 표현하는 데 한계는 있겠지만, 국내 기업들이 많이 벤치마킹하려는 실리콘밸리의 스타트업이나 미국 하이테크 기업의 용어로 표현하자면, 담력(Grit), 성장과 학습 능력(Growth & learning), 혁신과 창조성(Innovation & creativity), 행동과 기민성(Action & agility), 적응성과 유연성(Adaptability & flexibility), 복잡함을 운용하는 능력(Create clarity), 팀을 고무시키고 에너지를 창조하는 능력(Generate energy), 성공해 내는 능력(Deliver success)으로 나타낼 수 있다.

둘째, 스토리텔링이다.

자신의 업적이나 이야기, 전하고자 하는 메시지를 스토리로 만들어 효과적으로 전달할 수 있어야 한다. 스토리텔링은 자신의 핵심 역량이나 개인적 특질과도 매우 밀접하게 관련이 있다. 자신만의 독특한 경험과 지향점을 갖고 있다는 의미이다. 최고는 분명히 아니지만 독특한 나만의 이야기가 있다는 것이고, 그것이 회사의 문화에 잘 녹아들어 간다는 의미가 될 수 있다.

획일성이 아닌 다양성이다. 그러나 무엇보다도 중요한 것은 스토리텔링을 통해 나의 이야기와 경험을 설득력 있게 전할 수 있는 것, 즉 효과적인 커뮤니케이션을 할 수 있다는 것을 의미하기도 한다.

단순하게 영어를 잘하거나 뉴스 앵커처럼 흠 잡을 데 없이 정확한 발음과 세련된 화법으로 말을 잘한다는 의미는 아니다. 메시지를 전달하면서 감동을 주고 상대방의 공감과 동의를 얻고 액션으로 이어질 수까지 있게 하는 것을 말한다.

셋째, 네트워킹이다.

네트워킹은 경계를 넘나든다는 의미이자 잘 연결되고 거기서 계속 확장이 되면서 시너지 효과가 창출됨을 뜻한다.

모든 국내의 기업들이 다 그런 것은 아니겠지만, 국내의 전통적인 대기업이나 중견기업은 각 부서의 업무 영역을 너무 확실히 구분하려는 경향이 있다. 그리고 여전히 많은 임직원들은 업무 추진에 어려움이 있을 때마다 '명확한 역할과 업무 분장'을 아주 많이 강조한다.

한쪽에서 최고경영자는 실리콘밸리나 스타트업의 일하는 방식을 배우자고 하면서도, 유연성과 연결성을 가로막는 경직성을 내세우는 것은 뭔가 심하게 충돌하고 모순되어 있다는 느낌이 강하게 든다.

네트워킹의 강점은 새로운 정보와 인적자원을 포함한 다양한 자원들과 연결되어 계속 그 힘이 쌓이고 커지는 것을 의미한다. 자연스럽게 학습과 성장도 따라오고, 한 번 연결되고 사용한 네트워크는 마치 눈덩이처럼 점점 더 커지고 강력해지기 마련이다.

우리는 항상 지속적으로 더 좋은 인재들과 함께 일하면서 전진해야 한다. 물론 기업은 동네 구멍가게 같은 자영업과 달라서 시스템으로 돌아가야 한다. 그러나 그 시스템에 잘 태울 수 있는 인재, 그 시스템

속에서 더 향상될 수 있는 인재가 있어야 한다.

기업마다 저마다 요구하는 DNA가 있고 핵심 역량이 있다. 하지만 사실은 위기와 불확실성의 시대를 맞이하면 그냥 모두가 순종적이고 회사만을 바라보는 그저 '착한' 구성원이었던 것으로 판명되곤 한다.

더 불확실해지고 더욱 한자리에 모여 일하기가 어려워지는 세상이다. 명확한 기질과 핵심 역량으로 무장한 구성원들을 선발해야 하고 또 그런 기질을 계속 길러 주어야만 한다.

결국 감독과 코치가 그라운드까지 따라 나가 선수들의 경기를 대신해 줄 수는 없는 노릇이기 때문이다.

아무리 열심히 성실히 묵묵히 근무한다고 하지만, 자신만의 콘텐츠가 없고, 그것을 누군가에게 알릴 수 없다면, 그리고 알리더라도 거기에서 멈추어 더 이상의 연결과 확장성이 없다면 개인은 그리고 기업은 어떻게 되겠는가?

나만의 무기가 있고, 그것을 멋지게 이야기하고, 그리고 세상으로 연결되는 것, 비단 다국적기업만의 이야기가 아니다. 우리 모든 샐러리맨, 모든 기업들이 새롭게 바라봐야 할 목적지가 아닐까? 성실하게 자리를 굳건히 지키고 농땡이 치지 않고 대들지 않는 우리의 전통적 미덕이 우리를 위태롭게 만들 수도 있다.

6장

TALENT OBSESSION

일류를 지향하는 조직이 꼭 알아야 할
이별의 정석

커피 한 잔, 도넛 한 개에 박탈당한 커리어

외국계기업은 정말 피도 눈물도 없이 사람을 무차별하게 '잘라' 내는 곳일까?

다음 해프닝의 일면만 본다면 그런 오해가 생길 수도 있다. 특히 국내 기업에서 오래 몸담고 있었던 이들이면 말이다.

어느 외국계기업의 한 선임 부장이 제출한 개인 경비 서류 검토 과정에서 이상한 항목이 발견되었다. 야근 식사로 도넛 한 개와 커피 한 잔을 먹었다는 영수증을 올린 것이다. 날짜는 주말이었으며, 장소도 회사 근처가 아닌 자신이 개인적으로 공부하는 대학원 근처였다. 금액은 소소했다. 2개월 동안에 불과 서 너 차례였다.

사실관계를 확인해 보니 관리자에 의해 그 시간에 공식적으로 특정 업무 처리를 위해 야근이 요청된 건 없었다. 이 직원의 해명은 주말에 대학원 과정 공부를 하면서 시간을 일부 할애해 학교 도서관에서 업무 관련 프로젝트 준비했고, 그 과정에서 시간이 초과될 때 야근을 하면서 회사 법인카드로 식사를 했다는 것이다. 늘 같은 커피숍에서 더도 덜도 아닌 도넛 한 개와 커피 한 잔으로 말이다.

시시비비를 따져볼 소지는 더 있었으나, 결과론적으로 이 매니저는 인사 징계위원회에 회부되었고 바로 '해고'되었다.

외국계기업은 왜, 무엇 때문에 일말의 주저도 없이 구성원의 해고를 단행한 것일까? 도덕적 해이(Moral hazard)가 단연코 첫 번째 이유로 꼽힌다.

그렇다고 외국계기업에는 정말 투명하고 깨끗한 사람들만 모여 있고, 국내 기업에는 도덕적으로 격이 떨어지는 사람들만 모여 있다는 말은 전혀 설득력이 없다.

그러나 '좋은 회사를 넘어서 위대한 기업을 꿈꾸는' 기업들은 완벽한 우리말 번역이 어려운 용어지만, 소위 '인테그리티(Integrity)'에서만큼은 절대로 타협하지 않으려고 한다.

인테그리티는 일종의 진실성과 도덕성을 의미한다. 세계 최고 기업에서 좋은 성과를 내는 '인재'를 넘어서 '리더'가 되기를 원하는 사람에게는 절대적으로 필요한 품성이고 동시에 대표적인 '역량'이라고도 할 수 있다. 상대적으로 우리나라 기업은 이 부분에 있어 관대한 편이라

말할 수 있을 것 같다.

그러나 이제는 우리 기업들도 실적뿐 아니라 구성원의 의식과 조직 문화 역시 글로벌 수준으로 끌어올릴 시점에 도달했고, 어쩌면 과감하게 메스를 들어야 할지도 모르겠다.

"너무나도 중요하기에 타협할 수 없습니다"

이런 이유로 임직원들에게 비자발적 이별을 통보해야 할 때 외국계 기업들은 어떤 메시지를 전할까? 해고 통보를 받는 이들은 과연 고분고분할까?

메시지는 심플하고 명료하고 냉정하다.

"당신은 우리의 가장 중요한 철학과 가치를 위반했습니다. 이는 우리에게 너무나도 중요하기에 타협할 수 없는 부분입니다. 유감스럽지만 우리의 인연은 여기까지인 것 같습니다."

대개는 순순히 회사 문밖으로 나선다. 그러나 간혹 반발하는 사람들도 있다.

심지어 당사자가 아닌 그들의 관리자들 가운데에서도 너무 가혹하다거나, 정상 참작해서 한 번 더 기회를 줄 수 없느냐는 의견을 개진하는 이들도 있다.

혹자는 잘못을 했음에도 적반하장격으로 '뭐 그렇게 큰 잘못이냐?'

면서 발끈하는 이들 역시 있다. 기업에 따라, 관련 리더들의 스타일에 따라 편차는 있다.

그러나 일관된 공통점, 특히 세계 초일류 기업일수록 설령 최악의 경우 법정에 가서 패하는 경우가 있더라도 그들을 '아웃' 시킨다는 것이다. '무관용 원칙(Zero tolerance)'이 적용되는 순간이다.

인류의 역사가 시작된 이래 동서고금을 막론하고 인간 사회의 모든 조직은 신비하리만큼 돈, 권력, 성적 추문이라는 세 가지 유혹의 레퍼토리에서 절대 자유롭지 못했던 것 같다.

그런데 너무 역설적이지만 우리 기업들이 현재보다 한 단계 더 도약하기 위해서는, 이 자유롭지 못한 유혹의 레퍼토리에서 단절되고 자유로워져야 한다.

누군가가 이 접점에서 계속 파울을 범한다면 서서히 조직의 건강을 악화시켜서 급기야는 외부에서 건강한 피를 긴급히 수혈하여도 회복이 어려운 지경에 이를 수도 있다.

그렇기에 조직의 건강을 해치는 그 누군가가 있다면, 이것은 미련 없는 이별을 위한 필요 충분의 이유이자 조건이 될 수도 있지 않을까? 서로의 더 나은 내일을 위해서 말이다.

직장인이라면 누구나 한번쯤 경험했을 씁쓸한 에피소드가 있다. 친한 친구나 지인들을 만나서 저녁식사나 술을 한잔하고 계산할 때면 으레 들었던 '불편하면서도 기분 나쁜' 이야기.

"오늘은 한 전무가 '법카'로 한 턱 내는 건가?"

천만의 말씀이다. 지극히 개인적인 이유로 친구나 지인들을 만나 식사하고 계산하는데, 왜 거기서 회사 법인카드를 운운하는가 말이다.

그런데 많은 이들이 그렇게 하고 있다. 분명히 회사 내규에는 '법인카드는 공식적인 업무 목적 이외에는 사용할 수 없다'라고 명시되어 있다.

그럼에도 대부분의 경우 암묵적으로 사적인 용도로 사용할 수 있도록 해주거나 사적인 용도로 사용했음에도 업무 목적으로 그럴싸하게 포장해 비용 처리를 해주고 있다.

왜냐하면 승인하는 그들 대부분도 다 그렇게 하고 있으니까.

우리의 인재가, 우리 리더가, 그리고 우리 조직이 대부분 그렇게 하고 있다는 '그런 평범한 불특정 다수의 하나'가 되는 게 목표라면 지금처럼 계속 그렇게 서로 봐주면 된다.

그러나 우리가 최고가 되기를 꿈꾼다면, 이제 달라져야 하지 않을까?

세계 2위의 자동차 그룹 르노·닛산·미쓰비시 자동차의 카를로스 곤(Carlos Ghosn) 회장이 몇 해 전 비리로 체포되었다. 한때 경영혁신의 아이콘으로 칭송되며 과감한 구조조정과 그에 따른 지속적인 성과를 창출해내던 '곤의 철옹성'도 초일류 기업이 견지하는 철학과 가치 앞에서는 결국 예외일 수 없었다.

커피 한 잔, 도넛 한 개에 커리어가 박탈당할 수도 있고, 최고의 경영자라고 할지라도 글로벌 스탠다드 앞에서는 그냥 한 방에 '훅' 갈 수도 있다.

어쩌면 이러한 매정할 정도의 고지식함 때문에 그들이 최고의 인재들과 함께 계속 성장하는 것이 아닌가라는 생각을 지울 수가 없다.

해고의 칼날을 휘두르기 전에
생각해 봐야 할 것들

구조조정, 권고사직 그리고 자연스레 귀결되는 대량 해고까지의 연쇄 반응.

해고는 현대 자본주의 사회의 필요악인 것일까?

한국 사회에 불어닥치는 해고의 삭풍 앞에 설 때마다 가슴이 먹먹하다. 사실 당장의 확실한 해법이 없기 때문이다.

외국계기업의 경우 이미 오래전부터 상시적인 구조조정이 일상화되었고, 코로나 팬데믹 이후에는 국내 기업의 빈번한 구조조정이나 정리해고 뉴스 또한 여기저기에서 쉽게 볼 수가 있는 상황이다. 게다가 이제는 대상 연령도 젊어졌고, 거의 전체 직급으로 확대되고 있는 것도 부인할 수 없는 '팩트'이다.

　기업에게만 마냥 돌을 던질 수 있을까? 경영 악화 및 수익성을 개선할 수 있다는 검증된 경험이 있고, 더 빨라진 산업 변화 속에 신속한 디지털화 대응을 위해 기업 경쟁력 강화와 체질 개선이 불가피하다고 항변하는데, 비난만 할 수는 없다.

　엎친 데 덮친 격으로 고용 창출의 한계성, 저성장의 기조, 청년 실업난 등으로 기업의 심리적 압박감이 가중되고 있다.

　결국 근본은 성과와 생산성의 이슈이다. 국내·외국기업 여부를 떠나 회사가 구성원의 해고를 단행하는 가장 큰 이유 중 하나이다. 도덕적 해이의 문제, 기업 문화 쇄신, 사내 정치 등의 이유를 제외한다면 말이다.

　상대적으로 외국계기업에서는 '저성과=퇴출'이라는 공식이 냉정하지만 일관성 있게 보편화되었다. 그렇다고 글로벌 시대에, 다국적기업이나 실리콘밸리의 문화를 벤치마킹한다고 해서 이들의 성과주의 문화(Performance-oriented culture)의 겉모습만을 따라간다면 좀 위험할 수 있다.

　외국계기업 출신들의 생존율은 그나마 상대적으로 높다. 경력사원 중심의 채용 문화와 전문 직무 형태가 이미 수 십 년 전에 뿌리를 내렸기에 정도의 차이는 있지만 자신들만의 주특기, 즉 콘텐츠가 분명히 있다. 5장에서도 이미 언급했듯이 외국계기업 출신들은 커뮤니케이션 훈련을 많이 받아 나름 자신의 스토리텔링을 어느 정도 할 수 있고,

네트워킹 하면서 안팎으로 유기적으로 연결해 일하는 것에 상대적으로 익숙하다.

우리를 둘러싼 복잡다단한 환경과 변수를 고려한다면 궁극적으로는 외국계기업 트렌드의 영향을 받을 수밖에 없을 것이다. 피해 갈 수 없는 현실이다.

그래서 회사도, 구성원 개인도 이제 준비를 해야 한다. 어느 정도 고통은 있겠지만 천지개벽하는 변화는 힘들더라도 차선의 개선안을 만드는 노력을 기울여야 한다.

기업은 이제 제대로 된 총체적 조직 개발·관리와 성과 관리를 당연한 미션으로 받아들여야 한다. 일 년 내내 제대로 된 피드백과 소통도 없이 '묵언수행'만 하다가 갑자기 퇴직을 권한다면 내보내는 자와 떠나는 자 사이의 감정의 골은 더 깊어질 것이다.

'리셋' 전에 '새로 고침' 시도를

구조조정의 칼을 꺼내지 말라고 기업에 으름장을 놓을 수는 없겠지만, 과거와의 냉혹한 단절을 위해 그냥 갈아 끼우는 '리셋'을 최우선적 옵션으로 생각하는 것은 지양해야 한다. '리셋' 전에 '새로 고침' 버튼도 한번 시도는 해봐야 한다.

기업 내에서 가장 한국적인 경력 전환을 위한 프로그램의 설계가 병행되어야 한다. 그냥 '고령자 고용법 개정안 시행령'^주에 따른 법적, 도덕적 책임 회피를 위해서 외부 업체에 일임하는 전직 지원 프로그램이 아닌, '맞춤형 경력 전환 프로그램'에 투자해야 한다.

어디선가는 경험 있는 이들을 필요로 할 것이기에, 이 양자 간의 만남에 도움을 주어야 한다. 더불어 제2의 커리어 여정을 여는 최소한의 가이드도 필요하다.

본 이슈는 청년실업 사태 못지않게 중요하다. 떠나는 자들은 단지 '소리 내어 울지 않을' 뿐이다. 이들이 미래를 다시 준비할 수 있도록 정부 역시 이 프로그램을 위한 재정 지원과 전문인력 육성에 대한 부분을 함께 고민해야 한다.

현실적인 난제도 있다. 또 하나의 중요한 이해관계 당사자인 근로자의 인식 전환이다. '청춘을 바쳤으니 인생도 책임지라'는 식의 전통적 개념의 '샐러리맨 마인드'에서 탈피해야 한다.

적극적으로 자신을 재발견해서 새로운 진로를 탐색하기보다는 '가늘게'라도 무작정 버텨보려는 성향이 아직은 지배적이다. 듣기 거북하겠지만 굴지의 대기업 출신 임원을 포함해서 퇴직하는 직장인의 90% 이상이 혼자 힘으로는 제대로 된 자기 이력서를 쓰지 못한다고

주_ 사업주는 근로자(계약직은 3년 이상 재직한 50세 이상 근로자 중 비자발적 이직자)의 이직 예정일 직전 3년 이내, 경영상 필요에 의해 퇴직한 경우 이직 예정일 직전 1년 이내, 또는 이직 후 6개월 이내 재취업 지원 서비스를 제공해야 하는 법령으로 2020년 5월 1일 부로 시행되었다.

한다. 혼자서는 스스로 장도 못 보고 밥도 못 하는 우리들의 슬픈 자화상은 과연 누구의 책임일까?

퇴직 후에는 과거는 추억으로 묻어두고 눈도 낮추고 '어깨에 힘을 빼는' 훈련도 해야 한다. 개인의 인식 변화와 자기 커리어 정체성 재정립을 위해 기업과 구성원 모두 함께 노력해야 한다.

기업의 구조조정과 해고가 피해 갈 수 없는 현실이라면, 적어도 '필요악'이라는 부담스러운 꼬리표만은 뗄 수 있는 시도를 한번 해보자.

기업의 수익성 개선과 경영체질 개선이라는 성적표만이 결과로 남는 구조조정이 아니라 다수의 근로자 역시 재도약과 제2의 경력을 위한 큰 걸음을 내딛는 계기가 되었으면 한다. 기업, 정부, 사회 그 누구도 원론적으로는 한 개인의 커리어에 대해, 인생에 대해 도의적, 법적인 책임은 없다. 그러나 조금만 관점을 달리해서 해고의 칼날을 휘두르기 전, 한 번이라도 더 고민하고 추가적인 노력을 시도해 본다면 기업 역시 잠재적 수혜자가 될 것이다.

이러한 노력이 기업의 평판 관리와 우수인재 영입의 유인 요인도 될 수 있기 때문이다. 서로가 건강해지고 성숙해지는 희망 스토리를 좀 더 많이 접하게 될 그날을 꿈꾸어 본다.

해고 통보에도 지켜야 할 품격이 있다

한 기업이 퇴직 권고를 수용하지 않는 직원에게 오랜 시간 교묘히 정신적, 육체적 고통을 가하여 뇌졸중과 우울증까지 이르게 했다는 뉴스를 접했다.

우리 기업들이 인사 관리를 하면서 가장 빈번하게 범하는 오류 가운데 하나는 직원을 채용할 때는 머리를 차갑게 하지 못하고, 직원을 떠나보낼 때는 가슴을 따뜻하게 하지 않는다는 것이다.

처음엔 달콤한 허니문이 쭉 이어질 듯이 그럴싸한 분위기를 잡아놓고, 이별할 때는 대충 작별 인사만으로 '상황 끝'. 떠나가는 사람에게 아름다운 여운, 최소한의 인간적인 여운을 잘 남겨주지 못한다.

자발적이든 비자발적이든 이제 퇴사는 너무도 흔한 일이다. 젊은 세대들은 채워지지 않는 그 무언가로 인해 퇴직을 결심하고, 아직 경쟁력이 있는 이들은 시장의 러브콜에 또 한 번의 도전을 선택하고, 많은 이들이 한파가 몰아치는 거리로 내몰리고 있다.

'인재 전쟁'이라는 기치 아래 모두가 '어떻게 잘 뽑을 것인가'를 고민하지만 '어떻게 잘 보내줄 것인가'까지 생각하는 회사는 거의 찾아볼 수가 없다. 피부로 체감하는 불확실성 지수가 한층 높아진 작금에, 성장기를 지나 안정기에 접어든 기업들의 경우는 신규 영입하는 임직원 숫자보다 내보내는 숫자가 더 늘어나는 것이 현실인데도 말이다.

'잘못된 이별'이 가져오는 생각보다 더 큰 파급력

'잘못된 이별'은 '예기치 못한 손실'이라는 필연적인 결과를 낳는다. 더욱이 비자발적 퇴사일 경우에는 그 파급력이 훨씬 더 크다.

상처는 퇴사자만 입는 것이 아니다. 남은 사람들도 흔들린다.

한 취업포털 사이트의 설문 결과 70% 이상이 동료가 퇴사할 때 동반 퇴사 등의 충동을 느꼈다고 한다. 이는 직·간접적으로 직원들의 몰입 저하를 가져오고 기업 생산성에 부정적 영향을 미치게 된다. 남은 직원들은 떠나는 동료의 쓸쓸한 뒷모습에 자신의 미래 운명을 곧잘 투영시킨다는 것이다.

설상가상으로 법적인 분쟁으로까지 번지면 시간적, 금전적 손실은 증폭되고, 언론이나 소셜미디어를 통한 기업 이미지 추락은 불을 보듯 뻔한 일이다.

오늘날 대부분의 구직자들은 이직할 때 해당 회사의 전·현직 임직원들이 익명의 소셜미디어에 올려놓은 회사 추천 점수나 최고 경영자의 리더십 평가 점수를 상당히 신뢰하고 있다.

경영 환경의 변화로 인해 구조조정이나 권고사직 이후의 수순으로 불가피하게 직원을 내보내야 할 경우는 최소한의 준비 기간과 적절한 수준의 위로금을 주는 것은 필요한 행정조치이다. 그러나 뭐니뭐니해도 당사자에 대한 진정성 있는 커뮤니케이션 그 자체보다 더 중요한 것은 없다. 아무리 강조해도 지나침이 없다.

사실 인간적인 면으로만 따진다면 우리 민족이야말로 '인지상정(人之常情)'을 강조하는 사람 중심의 문화에 뿌리를 두고 있다. 한때는 사람을 부속품처럼 여기면서 해고 당일 이메일 한 통 날리면서 '방 빼 달라'는 식으로 통보를 한 외국계기업들의 냉정함이 비난을 받았던 적도 있었다.

그런데 최근 들어 오히려 우리 기업들이 문자 메시지로, 화상회의로, 전화 등으로 그런 '민감하고 충격적'인 메시지를 전하면서 '해도 너무 한다'는 질타를 받는 사례가 늘었다.

훈련되지 않은 관리자의 메시지 전달이나 시대 상황을 오판해서 인공지능이나 첨단 정보통신을 이용하려고 했다가 최악의 상황을 연출

할 수도 있다.

영화 〈인 디 에어(원제 Up in the air)〉에서 주인공인 해고 통보 전문가가 대량 해고 시대에 폭발하는 고객 수요를 따라잡기 위해 화상 인터뷰로 해고 통보를 하자는 보스의 제안에 '해고 통보에도 지켜야 할 품격이 있다'라고 일침을 놓는 장면은 상당히 인상적이었다. 비록 영화의 한 장면이지만 시사하는 바가 크다.

지난 20여 년간 숱한 사람들에게 직접 해고 통보를 하면서도 내가 특별한 해코지(?)를 당하지 않고 무사할 수 있었던 첫째 이유는 시간, 장소, 상황, 메시지에 신경 쓰며 일관성과 투명성을 견지했기 때문이지 않을까 하는 생각을 해본다.

거기에 관련된 리더들이 이슈에 대해 동일한 이해 수준을 갖고 같은 목소리를 내준 것도 큰 도움이 되었다.

마지막으로 끝까지 귀를 기울여 그들을 진정으로 이해해 주고 새로운 성공을 응원해 주려고 노력했기 때문이었다고 자평해 본다.

이별은 달갑지 않은 일임에 틀림없다. 비자발적 퇴직을 앞둔 직원에게 이별을 고해야 할 때의 커뮤니케이션은 참으로 힘들다.

그렇다고 힘들기 때문에 빨리 대충 끝내려는 것처럼 위험한 일도 없다. 고용 종료라는 결론을 돌이킬 수는 없지만, '어떻게'라는 방법은 충분히 고민해서 충격을 완화할 수는 있다.

물론 심각한 문제를 일으키고 떠나는 자까지 무작정 따뜻한 가슴으로 감싸줄 수는 없을 것이다. 그러나 성실한 근무 태도를 보인 직원들에게 크고 작은 도움을 줄 수 있다면 서로 윈-윈 할 수 있는 상황이 연출될 것이다. 퇴직 후에도 정기적인 연락 등을 통해 인연을 유지할 수 있다면 이들을 평생 고객이자 파트너로 만드는 것은 생각만큼 어렵지 않다.

    기업과 직원의 이별은 둘만의 문제로 끝나지 않는다는 것을 잊지 말아야 할 것이다. 이별을 잘 하려면 결국 평소의 꾸준한 관리와 공감대 형성이 전제되어야 한다. 그 어느 때보다도 '이별의 정석'을 공부해야 할 시기이다.

직원은 잘 모르고 회사는 말 못 하는
해고의 메커니즘

사람을 내보내는 것만큼 괴롭고 힘든 일은 사실 없다. 물론 이러한 일들을 아무렇지도 않게 생각하고 마치 기계 부속품 하나 교체하듯 단행하는 경영자들도 꽤 있기는 하다.

무조건 비난만 할 수 없는 노릇이지만, 이러한 현실을 바라보는 관점부터 실행하는 단계까지 무언가 내부의 최소한 기준을 갖출 필요는 있다.

앞서 얘기한 특정 사례에서처럼 나가야 할 사람이 분명하다면 해고를 통보하는 일이 그나마 덜 부담스러울 수도 있다. 그런데 나가겠다는 사람은 아직 없는데, 내보내야 할 사람의 숫자 내지 목표량은 분명히 결정되어 있다면 참으로 난감하다.

최근 들어 국내 기업도 이러한 일이 증가하는 추세지만, 일부 다국적기업은 거의 매년 특정 숫자의 목표를 먼저 정해 놓고 사람을 내보내는 경우가 발생한다.

어쩌면 변화의 속도 내지는 사업 다각화 방향이나 범위가 최초 시나리오와의 사이에 큰 갭이 있는 경우일 것이다. 상황이 이렇다면 기업은 매년 구조조정을 하고 인력을 감축해야만 한다.

설령 계속 성장한다고 해도 대량 정리 해고로부터 자유로울 수 없는 시대가 곧 올 수도 있다. 필요한 스킬 세트(Skill-set)와 역량 수준을 갖추지 못한 인력 역시 정비례로 늘어날 수 있기 때문이다.

물론 여전히 성과와 생산성이라는 지표는 남아있는 자와 떠날 자가 갈리는 가장 선명한 교차점이 될 것이다.

하지만 특정 사건으로 특정 한두 사람과 결별하는 것이 아니라 불특정 다수 중에서 걸러내야 하는 상황이 발생할 때는 좀 더 구체적이고 종합적인 관점에서 사람을 볼 수 있는 바로미터가 있으면 좋을 것이다. 비록 이러한 체크 포인트를 노출하고 공론화하는 데는 여전히 리스크가 있지만 말이다.

절대적 기준점이 되기에는 분명히 2% 부족할 수 있다. 회사마다, 부서마다, 리더마다 독특하고 미묘한 스타일과 관찰 포인트는 있기에 참고만 하길 바란다.

희망퇴직자가 여기저기서 손을 들지만, 관리자는 이들 모두를 수용할 수 없는 게 현실이다. 그 가운데에는 놓쳐서는 안 될 인재, 굳이 내보낼 필요가 없는 인재가 늘 있기 마련이다.

그래서 동시에 개별적으로 '기술적으로 정교하게' 잠재적 타깃을 정할 수밖에 없는 것이 경영진과 관리자의 운명이기도 하다.

임직원을 떠나 보낼지 여부를 정할 수 있는 최소한의 기준은 어떤 것들일까? 일류를 지향하는 조직에서는 공통의 상식적 기준(Norms)임에도 구성원들이 그리 심각하게 여기지 않는 몇 가지 지표는 다음과 같다.

'인사부 X파일(?)'

- 기대했던 업무 목표 달성을 효율성 있게 모두 수행해 내지 못한다.
- 자신의 역할과 책임이 동료, 팀, 전체 조직, 더 나아가 '우리'의 평판에 어떤 영향을 주는지를 생각해본 적이 없다.
- 경력 연수는 쌓여가는데 기량 향상도 미진하고, 업무영역도 확장되지 않는다.
- 도덕적인 문제, 정직과 성실에 결함이 있고, 특히 금전적으로 깨끗하지 않다. 회사 법인카드는 자신의 '비상금 주머니'이며, 동료들과의 금전 관계에서도 부정적 소문이 꼬리를 문다.
- 돌다리를 너무 많이 두드려 결국은 깨뜨린다. 모험과 위험 감수는 실리콘밸리만의 이야기이다.

- 근거 없는 자신감과 착각에 빠져 있다. 자신이 바라보는 모습과 타인이 바라보는 모습 사이의 괴리가 너무 크며, 시장 경쟁력도 없다.
- 실력으로 증명하기 전에 돈, 조건 등을 너무 따진다. 일명 말은 많은데 실행은 전혀 없는 '나토(No Action Talking Only)족'이다.
- 법적인 권리는 당연하지만, 최소한의 책무는 슬그머니 내려놓는다. 동료나 상사 그리고 고객의 입장이라는 것은 거의 고려하지 않는다.
- '오피스 와이프, 오피스 허즈번드'가 있다. 유부녀와 유부남이 이상할 정도로 너무 붙어 다닌다.
- 근태가 불량하다.
- 험담을 좋아한다.
- 너무 이상적인 보스만을 찾는다. 친구 같은 보스, 언제라도 평등하게 논쟁할 수 있는 보스를 원한다.
- 잊을 만하면 '사직서'라는 칼을 뽑는다.
- 정치적 라인을 형성한다. 근무시간에 무슨 일을 하는지는 도통 모르겠는데, 업무와 무관한 일을 하면서 거의 자리를 비운다. 옆자리 동료와의 협업은 엉망인데, 사내 유력 인사들과 관계 형성에는 엄청난 시간을 투자한다.
- 근무시간에 딴짓을 한다. 업무 완수는 기한을 넘기는 것이 부지기수지만 자신의 SNS 소식 업데이트와 주식 투자는 근무시간에 부지런히 한다.
- 회사와 주위 직원들이 오로지 자기에게 맞추어 주기를 바란다.

정리해 보자면 크게는 성과(업무 결과), 리더십(업무 수행 상황에서의 태도,

책임감, 리더십의 총체적 모습 등), 시장에서의 경쟁력, 성장 가능성(잠재력) 등의 요소가 기본적으로 우선 고려되는 셈이다.

평소 유난히 습관적으로 꼼꼼하게 메모를 하는 스타일 때문에 '한준기가 관리하는 데스 노트가 있다'는 오해를 받은 적이 몇 번 있다.

가끔 회사 밖 사람들로부터 그리고 퇴사한 이전 동료들로부터 인사부 X파일이라는 것이 존재하는지에 대한 질문을 받을 때가 있다.

글쎄, 서로가 생각하는 개념이나 범위에 따라 있을 수도 있고 없을 수도 있을 것이다. 또 기업에 따라 유무 여부가 다를 수는 있을 것이다.

그러나 한 가지 분명한 것은 '직원들은 이상하리만치 잘 모르고 회사는 대놓고 말을 잘 안 해주는' 해고의 메커니즘은 존재한다는 것이다.

그것이 공식적이냐, 비공식적이냐의 차이가 있을 뿐이다. 경영진과 리더들은 이에 대한 시선을 항상 놓쳐서는 안 된다. 역설적이지만 구성원들 역시 제대로 프로페셔널답게 본인의 생존과 성공 지수를 높이고 싶다면, 이제는 한 번쯤 진지하게 인지하길 바란다.

히딩크와 박지성에게 배우는 '퇴직 커뮤니케이션'

얼마 전 TV 예능 프로그램에서 전 국가대표 축구팀 주장 박지성 선수의 인터뷰 장면을 보았다. 네덜란드의 PSV아인트호벤에서 세계 최고의 명문 구단 영국 맨체스터 유나이티드로 이적할 당시 소속팀 감독 히딩크와 나눈 대화에 관한 내용이었다.

두 사람은 저마다 만감이 교차했던 것 같다. 박지성 선수는 자신의 오늘을 있게 해준 은인이자 스승인 히딩크를 떠나야 하는 상황이었고, 히딩크 감독은 팀의 주축 선수이자 동시에 사랑하는 제자를 보내야만 할지도 모르는 상황이었으니 말이다.

결국 박지성은 "꼭 가야겠다"고 했고, 히딩크는 진심으로 "잘 가라"

고 격려한다. 히딩크 입장에서는 정말 아끼는 선수가 초기 유럽 무대에서의 부진을 잘 극복하고 이제는 팀과 완벽한 조화를 이루는 중심 선수로 성장했기에 전력 손실에 대한 고민도 있었을 것이다. 아울러 무엇보다 완전히 레벨이 다른 영국 프리미어리그에서 애제자가 행여 고전하면 어쩌나 하는 우려도 있었을 것이다. 그러나 축구 선수로서 평생 꿈꾸고 도전해 보고 싶었을 팀의 러브 콜을 받아 포기할 수 없다는 박지성의 말을 듣고 그의 성공을 진심으로 빌어주면서 보내준 것이다.

여러 차례 이직을 통해 늘 새로운 커리어를 만들고 관리해 온 내 경우는 히딩크 감독과 박지성 선수 간의 이런 대화가 전혀 낯설지 않다.

이직할 때마다 함께 일했던 최고의 CEO들과 이 비슷한 이야기를 나누었기 때문이다. 그분들은 하나같이 내가 이직 의사를 표명할 때면 우선 이 조직에서 정말 계속 함께할 수 없는 것인지에 대해 진지하게 물었다. 그리고 더 뛰어난 통찰력으로 내 상황을 객관적으로 분석해 주고 새로운 성공을 위한 조언을 아끼지 않았다.

유감스럽지만 구조조정이나 성과 문제 등으로 구성원을 내보내는 경우도 있지만, 참으로 놓치고 싶지 않은 사람들을 떠나 보내야만 하는 경우도 자주 발생한다. 직원이 새로운 커리어를 추구하기 위해서 자발적으로 몸담았던 조직을 떠나는 경우가 그렇다.

이 경우 어떤 메시지를 어떻게 전해야 할까? 우리는 왜 이런 부분에 여전히 미숙할까? 심한 경우는 떠나는 사람을 죄인으로 만드는 일도 있다.

이전에 몸담았던 한 조직에서는 신기할 정도로 떠나는 모든 구성원들이 마치 야반도주하듯 조용히 사라지곤 했던 씁쓸한 모습도 많이 봤다.

놓치고 싶지 않은 자발적 퇴직자와 잘 이별하는 몇 가지 팁

우리 리더들을 위해 아주 간단하지만 중요한 몇 가지 팁을 전해주고 싶다.

첫째, 꼰대 짓은 하지 말자.

바깥 세상이 호락호락하지 않을 것이라며 어설프게 잡으려 하든지, 선배라고 한 수 가르치려고 할 필요는 없다. 어쩌면 당신보다 나이가 어릴지라도 시장의 판도를 더 잘 알고 있을지도 모른다. 더구나 당신이 한평생 한 직장에서 위를 바라보고 안정된 노선만을 추구했다면 새로운 도전을 하는 구성원들의 심정을 헤아리기는 참으로 어려울 것이다.

그저 진심으로 경청하고, 왜 그런 결정을 했는지를 이해하려고 하고, 잘 이해가 가지 않는 부분이 있다면 차라리 질문하면서 더 이해할 수 있는 시간을 갖는 것이 좋다. 그래야 향후에 또 잠재적인 인력 손실을 방지할 수 있는 건설적인 대책이라도 준비해 볼 수 있을 것이다.

둘째, 의미를 부여하고 격려해 주자.

절대로 떠나는 사람을 배신자나 죄인으로 만들지 말자. 그들은 이미 성인으로 자신의 커리어에 책임을 질 수 있는 사람이요, 어쩌면 상당 시간 시장을 조사하고, 다양한 조언을 들으면서 전략적으로 고민을 했을 확률이 매우 높다.

설령 간혹 '오판'을 하여 잘못된 옵션을 선택하는 경우도 있겠지만, 그 부분도 그리 개의치 않을 수 있다. 오히려 구성원이 개인의 미래 진로에 대한 고민을 직속 상사나 사내의 리더들과 진술하고 건설적으로 나누지 못했다면, 그런 기업 문화와 리더십을 반성하고 개선하는 편이 나을 수도 있다. 그들의 새로운 도전에 의미를 부여하고 더 잘될 수 있을 것이라고 격려해 주자. 피차 흉하지 않은 모습으로 아름다운 이별을 하는 것이 순리다.

셋째, 작더라도 정성스러운 환송회 정도는 해주자.

지나간 커리어를 돌이켜 보았을 때, 늘 감사하게 되는 일이 있다. 나는 항상 보스와 직원들의 따뜻한 환송을 받으며 이직을 했다는 것이다. 조촐하지만 정성스러운 저녁식사, 취미나 개인의 기호를 배려한 선물, 그리고 한 줄 한 줄 꾹꾹 눌러쓴 카드와 가슴을 따뜻하게 해주고 때론 울컥하게 만드는 롤링 페이퍼, 심지어 지나간 몇 년간의 일거수일투족을 앨범으로 만들어주는 정성까지! 오히려 떠나는 사람이 아쉬움을 느낄 정도의 환송회였다.

그동안 정말 좋은 직장에서 진짜 괜찮은 동료들과 함께했구나 하는 느낌을 충분히 받을 수 있는 작은 세리머니를 준비해 주면 좋을 것이다. 이러한 것들이 떠나는 자나 남은 자 모두를 위해서도 좋다.

다시 박지성과 히딩크의 이야기로 돌아가 보자. 박지성은 그 뒤 계속 눈부신 성장을 이루었고 히딩크는 여전히 명장으로 박지성을 비롯한 여러 선수들의 멘토로 남아있다.

이 두 사람은 지금도 여전히 연락을 취하고 서로에게 좋은 기억을 남긴 아름다운 인연을 맺고 있다. 지금도 서로 도울 일이 있다면 적극적으로 돕는 것으로 알고 있다.

직장을 떠난 후에도 '이권'을 떠나서 서로가 계속 연락하고 도움을 주고받는 관계도 점차 늘고 있다. 여기서 잠깐 소설을 한번 써보자. 기업의 세계에서도 PSV 아이트호벤, 히딩크 효과라는 것을 한번 만들어 보는 것이 가능하지 않을까?

예를 들어 '우리 회사에서 A라는 임원 아래에서 좋은 성과를 거두었던 한 직원이 여기에서의 경험과 A 임원의 코칭을 발판으로 한 단계 더 도약해서 지금은 업계에서 주목받는 리더로 성장했다'라는 사례를 꾸준히 만들 수 있다면 기업 입장에서도 좋을 것이다. 의미 있는 이별의 메시지로 발전의 스토리를 만들어주는 멋진 리더가 되어보자.

퇴직 전, 퇴직 진행 중
그리고 퇴직 후

한 직원이 건강 악화로 퇴사할 수밖에 없다는 구두 통보를 했다. 근무 가능한 일정까지 비교적 소상히 알려주었다.

그런데 무엇 때문인지 지금은 기억이 희미하지만, 당시 관리자로서 너무 바빴던 나는 제대로 된 퇴직 면담도 깜빡했고 '유연하게' 적시에 사직서를 받지도 못했다. 사실 성과나 팀워크 부분에 있어 부담이 되었던 직원이었기에 내심 '새롭게 팀을 구축할 수 있는 좋은 계기'라는 생각을 하고 있었다.

이 관리 공백기에 직원은 돌연 의사결정을 번복했다. 조직과 늘 부딪혔던 타 부서 절친 남자 동료의 코칭 아닌 코칭을 받은 직후에 육아

휴직을 1년간 사용하겠다고 요청한 것이다.

당연히 법적으로 보장된 권리이기 때문에 존중해야 했지만, 글로벌 인사 관리 시스템상에는 여전히 재직하는 '재적(在籍)' 인원으로 계산이 되기에 일손 부족이라는 현실적인 문제가 있었다. 1년간 신규 인력을 충원하지 못한 채 남은 팀원들이 고생을 분담할 수밖에 없었다.

퇴직 프로세스 상의 관리 포인트도 놓친 상황에서 외국계기업의 합리적이고 투명한 인사 시스템으로 되레 이중 부담이 되어버린 셈이었다.

잠시 잠깐 안이한 퇴직 관리 프로세스가 잠재적 유무형의 손실로 이어진 것이다. 퇴직 의사를 밝혔던 직원이 다시 눌러앉아 '월급 루팡'이 되어 살아간다면, 회사의 기밀 서류를 빼돌려 유유히 떠나간다면, 퇴직 후 경쟁사로 자리를 옮긴 후 계속 남아있는 괜찮은 직원들을 빼내가고 있다면, 퇴직 후에도 계속 SNS 등을 통해 적나라하게 회사 험담을 늘어놓고 치부를 폭로하고 있다면?

이 모든 일들은 어떤 형태로든 퇴직 관리 프로세스에서 무언가를 놓쳤기 때문에 벌어진 것이다.

반대로 왕년의 인재들을 재영입하고, 퇴직자들과의 네트워크를 통해 새로운 비즈니스 기회를 얻고, 회사 밖에서 좋은 평판을 만들어주는 우군을 확보할 수 있다면, 이 또한 퇴직 프로세스를 잘 관리했기에 가능했다고 말할 수 있다.

당연한 말이지만 누군가 입사하면 또 언젠가 퇴사하게 된다. 누구도 자유로울 수 없다. 떠나는 사람도 남아있는 사람도 모두 덜 상처 받고 상생할 수 있는 방법을 항상 고민하고 실천해야 한다.

퇴직 프로세스 체크 포인트

관리자가 인사부와 함께 유념해야 할 퇴직 프로세스의 주요 관리 포인트를 몇 가지로 정리해 보았다. 크게는 퇴직 전, 퇴직 진행 중 그리고 퇴직 후의 3단계로 생각해볼 수 있다.

1. 퇴직 전
- 법률적, 재무적으로 리스크가 없는지 확인한다. 퇴직 절차가 진행되는 가운데 법률적인 문제가 발생하지 않고, 금전적인 문제 등이 깨끗하게 해결될 수 있도록 한다.
- 직원 퇴직 유형별 커뮤니케이션 시 어떤 포인트를 강조할지를 확인하고 준비한다. (특히 비자발적 퇴직자의 경우 민감한 상황이 종종 발생하니, 인사부나 외부 자문을 받아 해야 할 것, 하지 말아야 할 것에 유념하여 메시지를 준비한다.)

2. 퇴직 진행 중
- 퇴직 면담을 실시한다. 핵심인력의 퇴직 의사 철회를 유도하고, 비자발적 퇴직자에게는 퇴직 절차의 불가피성을 상황적 맥락과 함께

잘 전달한다. 절대 형식적인 면담이 이루어지지 않도록 주의한다.

- 내부의 세부적인 퇴직 절차 체크 리스트에 의거해서 필요한 행정 절차를 밟는다. 기밀 정보나 회사 자산의 외부 유출이 없도록 미연에 방지한다. (그렇다고 허겁지겁 내쫓듯이 통신 사내 접속을 차단하고 ID 등을 삭제하는 행동은 금한다.)
- 떠나는 자의 정서 관리에 신경 쓴다. 이별이 결코 끝이 아니라는 것을 명심하고 최대한 편안한 마음, 인간적인 따뜻함을 안고 떠날 수 있는 분위기를 만든다.
- 체계적인 인수인계 절차와 근거 자료를 남긴다.
- 퇴직 환송회 등 의미 있는 퇴직 세리머니를 준비해 준다.

3. 퇴직 이후

- 퇴직자에 대한 데이터베이스를 잘 구축해 놓는다. 이를 분석 및 응용해서 인재 유출을 막고 건강한 조직 관리를 위한 액션 플랜을 도출할 수 있도록 한다. 예를 들자면 직무, 직급, 기타 직원 유형별 퇴직 사유, 퇴직 징후 포착, 퇴직 후 주요 진로, 주요 이직 회사 현황 등을 파악하고 있으면 유용하게 활용해 볼 수 있다.
- 퇴사자 그룹과의 건강한 관계를 구축하고 유지한다. 필요하다면 이들이 회사에 대한 호감을 유지하는 충성 고객 및 비공식적 홍보대사 역할을 할 수 있는 여건을 조성한다.
- 퇴사자 그룹과의 좋은 관계를 유지하며 서로 필요가 일치한다면

떠나간 우수 인재를 다시 영입하는 안도 고민해 본다.

　퇴직자를 마치 이미 떠난 사람이고 앞으로 영영 안 볼 사람으로 대하지 말자. 그들의 수고와 헌신과 공을 인정해 주고, 동료들과의 여운을 느낄 수 있는 작별 인사의 시간을 확보해 주고, 서로 공식적으로 확인할 것을 확인하고 서명해서 오해가 없도록 처리해야 한다. 특히 임금, 휴가 수당, 인센티브 등을 공정하게 계산해서 지급해 주는 것이 중요하다.

　코로나 팬데믹 시대 이후에 더욱 중요해진 것 가운데 하나가 '직원 경험'이라고 전문가들은 입을 모은다. 위기와 불확실성의 시대는 늘 기업 간 전력 차이가 극명하게 드러나는데, 이때 결코 무시할 수 없는 부분이 회사의 프로그램이나 프로세스에 대한 직원 경험이다. 즉 회사 내에서 직원의 고용에서 퇴사까지의 사이클에 대한 그들의 경험은 매우 중요하다. 입사 시 그들의 연착륙을 도왔다면 퇴사 시의 출구 전략도 있어야 한다.

　최근 젊은 직원들을 대신해서 회사를 상대로 퇴직 행정 처리를 해주는 에이전트가 생겨나고 있다는 것은 우리에게 여러 가지로 던져주는 시사점이 있다. 회사와의 퇴직 행정 처리가 껄끄럽고 커뮤니케이션 방식도 마음에 들지 않는다는 의미이다. 떠나면서도 평온하고 가슴 찡할 수 있다면 얼마나 좋을까?

EPILOGUE ───────────────────

지금은 '인재에 집착할 시간'이다

'인재집착경영'.

이 책을 읽지 않은 많은 이들에게 생소하고 낯설지도 모르겠다. 그런데 내게는 마치 세치 혀에 무슨 접착제로 붙여놓은 것처럼 '착착' 입에 달라붙는 느낌이다.

아직 부족한 부분은 있지만, 앞으로는 더 많은 리더와 기업들이 사람과 조직을 관리하는 데 있어 꼬리에 꼬리를 물며 계속 회자되었으면 좋겠다는 생각을 해본다.

아이러니하게도 나는 '집착'이라는 단어를 개인적으로 꽤 싫어한다. 지난 30년간 다양한 조직에서 치열하게 커리어를 만들어 오면서 '하루하루 집중은 하되 절대로 집착하지는 말자', '사람이 할 수 있는 일에 최선을 다하고 결과는 하늘에 맡기자'라는 말을 늘 좌우명처럼 되뇌면서 살아왔기 때문이다.

그럼에도 불구하고 지금 이 순간 역설적으로 이 땅의 많은 경영자와 리더들에게 이제는 '인재에 집착하는 경영'을 꼭 하라고 당부하고 싶다. 사전적 정의인 집착이 아닌, 인재에 제대로 주목하고 집중하는 건강한 집착을 해보라고 말이다.

'인재집착경영'의 모티브가 된 것은 아마존의 리더십 원칙 가운데 '고객집착(Customer Obsession)'이라는 개념이다. 이 또한 사전적 의미의 집착과는 다르다.

"리더는 고객에서부터 시작하여 일합니다. 리더는 고객의 신뢰를 얻고 유지하고자 항상 최선을 다합니다. 경쟁사에 대해서도 주의를 기울이지만 무엇보다 고객에게 집중합니다.(Leaders start with the customer and work backwards. They work vigorously to earn and keep customer trust. Although leaders pay attention to competitors, they obsess over customers.)

결국 시작이 고객이라는 소리다.

영어 원문에서 말하는 '거꾸로 일하기(Work backward)'는 새로운 제품에 대한 아이디어에서 시작해 고객들에게 무엇을 제공하는 것이 아니라, 고객으로부터 시작해서 제품을 개발한다는 것을 의미한다.

건강하게 집중할 수 있는 집착

'모든 비즈니스의 성공은 인재로부터 시작한다. 모든 비즈니스의 중심에는 인재(사람)가 있어야 하고, 리더는 인재들과 함께 열심히 일해야 하고, 그들과 함께 멋진 팀워크를 발휘해 좋은 성과를 만들어내야 한다.'

이것이 바로 인재집착경영의 근저를 이루는 철학이다. 경영자와 리더라면 누구나 피할 수 없는 운명이다. 그리고 이를 이루기 위해서는 건강하게 집중할 수 있는 집착이 필요하다.

조직에는 건강한 집착이 필요하다. 인재들을 제대로 관리하고 육성하는 미래지향적인 건강한 집착.

좋은 인재를 얻기 위해 기꺼이 시간과 비용을 투자해야 한다. 의사결정 전에는 입체적으로 진단하며 깊이 파헤쳐 보는 모습이 필요하다. 확신을 가졌다면 자신 있게 사람을 써야 한다. 그래서 그들이 잘 정착하도록 세심히 도와주고 이전보다 더 성장할 수 있도록 매의 눈으로 관찰하고 지도해 주어야 한다. 때가 되어 헤어져야 할 때는 아픈 감정은 없는지 가슴으로 헤아려 주어야 한다. 굳이 떠난 인재에게 미련을 둘 필요까지 있을까 생각할 수도 있지만, 여전히 좋은 벗으로 남아 다시 인연이 된다면 재결합도 진지하게 생각해 볼 수 있는 관계가 될 수 있다.

이것이 바로 인재에 대한 건강한 집착의 모습이다. 인재를 하나의 도구나 대상, 통제해야 할 상대, 부속품으로 보는 것이 아니라 소중한 사람, 나를 도울 수 있는 존재 그 자체로 생각한다는 의미이다. 인재를 경영과 비즈니스의 중심에 두고, 인재를 기업의 경쟁 우위 확보 및 유지의 큰 동력으로 믿는 자세가 무엇보다 필요하다.

그렇다고 무조건 인재의 요구를 다 들어주고 그들의 감정에 휘둘리라는 뜻은 결코 아니다. 비록 우리가 고용자와 근로자 사이 힘의 균형이 서서히 핵심인재에게 기울고 있는 신(新) 권력이동의 시대에 살고 있을지언정 그들이 최적의 인적자원으로 성장하도록 도와야 한다. 무엇보다 그들의 기량과 컨디션을 이해해서 제대로 실력을 발휘할 수 있는 무대를 만들어 주는 것이 중요하다. 서로가 신뢰를 형성하고 만족하기 위한 의식적 노력도 요구된다.

잘못된 집착은 비극으로 끝날 수 있지만, 제대로 된 '인재집착경영'은 서로에게 분명 윈-윈이 될 수 있을 것이다.

우리 경영자들과 리더들이 '인재집착경영'과 함께 인사의 정석을 세웠으면 하는 바람이다. 지금은 리더들이 '인재집착경영'에 집착할 시간이다.

부록

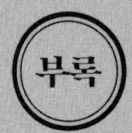

— 이럴 땐 어떻게? HR 16가지 베스트 Q&A

— HR 건강지수 체크리스트

— 이 책을 먼저 읽은 대한민국 오피니언 리더들의 한마디

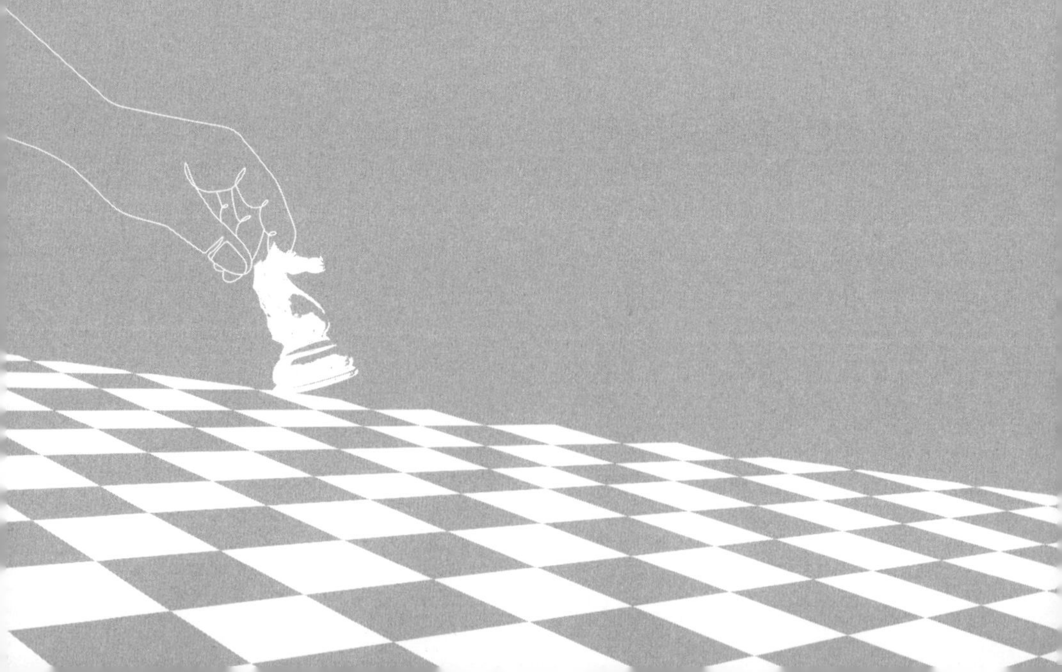

이럴 땐 어떻게? HR 16가지 베스트 Q&A

Q. 누구를 인사부에 앉혀야 할까?

　A. 전문가들마다, 경영자들마다, 그리고 고위급 인사 임원들마다 조금씩 강조하고 무게를 두는 포인트는 상이하다.

　그러나 사람에 대한 관심과 애정이 많은 사람, 비즈니스에 대한 높은 이해와 조직에 대한 충성심이 있고 헌신할 수 있는 사람, 열린 마음을 지닌 자, 진정성이 있고 입이 무거운 사람, 자기 관리에 엄격하고 뛰어난 사람, 경청을 잘 하는 사람, 커뮤니케이션을 잘하는 사람, 상황판단이 뛰어난 사람, 팀워크와 공정하고 균형감각이 있는 사람 등이 가장 빈번하고 꾸준히 거론되는 항목이라고 할 수 있다.

　나는 무엇보다 관찰을 잘하고, 경청하고, 올바른 의사결정을 내릴 수 있는 능력을 최우선적으로 꼽고 싶다. 인사 업무를 스스로 하고 싶어 하고, 일을 찾아서 하고, 그 일에 의미를 부여하면서 스스로의 소명

의식과 비전을 가질 수 있는 사람이 절실히 필요하다는 생각이다.

Q. 사람들은 왜 인사부를 싫어할까?

A. 인사부의 운명일 수밖에 없다. 아무리 열심히 잘해도 기본적인 쓴소리는 당분간 면하기가 어려운 것이 현실이다.

사업 부서에서는 인사부가 비즈니스 현장에 대한 이해가 부족하다, 너무 보수적인 관점에서 관리하려고 한다며 짜증 나고 답답해서 욕을 하고 싫어할 수도 있다.

성과 관리, 평가, 보상, 상벌 등 조직 운영의 필수적 업무 수행이 영향을 미칠 수밖에 없다. 당연히 임직원들의 입장에서도 인사부의 어쩔 수 없는 관찰, 관리, 통제로부터 자유로울 수 없고, 각종 사건 사고를 다루다 보니 우호적인 시선으로 이들을 바라보기란 쉽지 않다.

다국적기업에서는 이전보다 인사부 인력들의 프로필이 전향적으로 많이 바뀌고는 있지만, 전통적인 국내 기업 조직에서는 회사 입장을 대변하는 부서, 대표이사를 보좌하는 역할이라는 고정관념이 아직은 강하기 때문이다.

그래서 진정한 비즈니스의 파트너이자 조언자로서 직원들의 고충을 풀어주고 성장을 돕는 서포터로서의 변신이 그 어느 때보다도 절실한 순간이다.

Q. 외국계기업의 HR 베스트 프랙티스가 우리 국내 조직에 잘 통하게 하려면?

A. 먼저 어디서 유명한 프로그램이 유행하고 있다고 해서 그것을 무조건 받아들이는 자세를 지양할 필요가 있다. 그들이 어떤 동기에서 그 제도나 프로그램을 운용하고 있는지, 그 철학이나 배경을 먼저 제대로 이해할 필요가 있다.

설령 그런 동기나 철학이 유사하더라도 외국의 제도를 들여오는 것은 문화적 차이가 있기 마련이다. 그런데 이런 과정조차 없다 보니 실패하는 확률이 높아질 수밖에 없다.

그리고 그런 제도를 들여왔을 때 이를 가로막고 있는 문화나 관습이 있는지를 살펴보고, 먼저 제거해 주어야 한다.

마치 장애물이나 지뢰를 제거하듯이 말이다.

실리콘밸리의 아무리 좋은 성과 관리 시스템을 가져온들 주도적이고, 공격적이고, 성장의 마인드 세트로 무장하지 않은 조직 그리고 관리자들이 코칭이나 피드백의 기술을 전혀 갖추지 못한 채 이를 도입하려 한다면, 무용지물이 되는 것은 시간 문제이다.

끝으로 아무리 좋은 프로그램이라고 할지라도 굳이 풀 버전으로 실행할 필요는 없다. 할 수 있는 부분만 먼저 시작해도 괜찮고, 이를 조직 문화에 맞게 맞춤형으로 다시 만들어서 디자인하는 것도 연착륙시킬 수 있는 좋은 시도가 될 것이다.

Q. 헤드헌터 활용보다도 더 효과적인 채용 방법론은?

A. 채용의 채널로 놓고 보았을 때는 내부의 임직원을 활용하는 것이 '가성비' 측면에서는 가장 효과가 있다고 말할 수 있다.

결국 현대 기업 조직의 채용은, 특히 코로나 팬데믹 이후 국내 노동시장의 급격한 지형 변화를 감안해 본다면, 직무 관련성(직무에 대한 적합도), 문화적으로 높은 매칭(조직에 대한 적합도)의 중요성이 더욱 커지고 있다.

이 두 가지를 잘 판단할 수 있는 주체 가운데 하나가 현재 그 회사에서 근무하고 있는 구성원들이다.

퇴직한 OB 멤버 역시 활용만 할 수 있다면 채용의 성공률을 높이는 데 효과적인 채널이 될 수 있다.

단발성 이벤트가 아닌, SNS 등을 기반으로 해서 잠재적인 지원자들과 교류하는 장을 만들어 일종의 상비군 같은 인재 풀을 만들 수만 있다면 이 또한 효과를 볼 수 있다.

실제로 싱가포르를 중심으로 한 아시아 시장과 실리콘밸리에서는 이런 움직임들이 활발하게 진행되고 있다.

채용 방법론적으로는 단순한 면접이나 단편적이고 단시간을 투자하는 방법보다는 역량 중심의 구조화 된 인터뷰, 복수 채널을 활용한 평판 조회, 어세스먼트 센터(본문 내용 참조), 단순한 인적성 검사가 아닌 심도 있는 직무 적성검사나 인지 능력 테스트 등을 종합적으로 활용해 보는 것도 좋겠다.

Q. 꼭 채용하고 싶은 외부의 고급 인재가 받는 비현실적 연봉 기대 수준을 어떻게 맞출 수 있나?

　A. 국내 대표적인 대기업이나 유수의 다국적기업 출신의 인재를 국내의 중견, 중소, 스타트업 등으로 영입하려고 할 때 충분히 경험할 수 있는 상황이다.

　기본적으로 세 가지 정도의 옵션으로 풀어볼 수 있다.

　우선 너무 탐나는 인재이기에 기존 직원들과는 완전히 다른 파격적인 조건-당사자의 요구 수준을 그대로 맞춰주는-을 제시하는 안이다.

　둘째, 샤이닝 보너스(Signing bonus-프로 스포츠 선수들의 일종의 계약금 같은 형태로 입사 시 1회성 지급)와 기타 특별 수당 등으로 총액이나 기본급 기준으로 1년 정도 이전 직장이나 최초 희망 수준을 보전해 주고, 그후 그간의 성과 등을 바탕으로 연봉을 재조정하는 안이다.

　셋째, 주식 등의 장기적인 보상 플랜(LTI: Long-term incentive)을 통해 소속감과 장기 근속을 유도하면서 이전 직장에서 받았던 수준을 장기간에 걸쳐 보존해 주는 안이다.

　개인적으로 첫 번째 안은 추천하지 않는다. 경영자의 입장에서 아직 새로운 조직에서 성과를 직접 확인해 보지 않은 상태에서 고정비를 바로 높여버리는 것은 여러 측면에서 위험할 수 있기 때문이다.

　두 번째와 세 번째 안을 조합해 하이브리드 형태의 옵션을 제안할 수도 있을 것이다.

　기본 전제는 사전에 어느 정도는 암묵적인 기대 수준을 알고 있어야 한다는 것이다. 공식적인 연봉 협상이 시작되었을 때 도저히 상상 불가, 감당 불가 수준의 이야기가 오간다면 이는 아예 시작을 하지 말았어야 할 거래라는 의미다.

그리고 주된 목적이 이직을 하면서 제대로 몸값을 올리겠다는 의도를 가진 지원자와는 애당초 이런 영입을 추진하지 않기를 당부한다.

그간 현장에서 한가락 하는 회사에서 근무하다 스타트업 등 완전히 새로운 형태의 조직으로 이직해 새로운 도전을 하는 이들을 많이 보았지만, 돈 때문에 이런 시도를 한 사람은 아직 거의 경험해 보지 못했다. 위의 몇 가지 안을 잘 절충하고 대화를 잘 하면 해결책은 분명히 나올 것이라 믿는다.

Q. 성과 결과(인사고과 등급)를 수용하지 않는 구성원을 어떻게 다루어야 하는가?

A. 기본적으로 관리자는 성과 결과를 끝까지, 어떻게 해서든지 납득시키고 설득시키기 위해서 필요 이상의 힘과 시간을 투자하는 것에 신중할 필요가 있다.

결과론적인 이야기지만, 올바른 목표를 합의해서 수립하고 연간 내내 구체적인 관찰과 건설적인 피드백 공유를 중심으로 프로세스를 꼼꼼히 그리고 중단 없이 관리하는 데 절대적인 노력을 기울여야 한다. 그런데도 구성원이 수용하지 않는다면 이것은 또 다른 문제일 수 있다.

　최대한 객관적이고 합리적으로 성과 결과를 설명하며 투명하게 전달했음에도 요지부동으로 받아들이지 않는다면, 일단 거기서 멈추자. 마라톤 회의를 계속 진행하면서 이야기를 들어보고 무리하게 설득시키는 작업은 오히려 문제를 더 크게 만들 소지가 다분하다.

　그런데 만약 앞 단의 과정, 즉, 올바른 목표 설정과 합의 조정 및 이어지는 연중 프로세스 관리가 부실해서 이런 반응이 나왔다면 앞으로는 뼈를 깎는 노력과 시간을 투자해야만 한다.

　거기에 정답이 있기 때문이다.

　인사 명령과 평가는 경영진과 관리자의 고유 권한이다. 열린 마음으로 여론을 이해하고 분명히 잘 소통해야겠지만, 그들의 입맛에 100% 맞출 수는 없는 게 현실이다.

　최선을 다한 노력 후에도 수용을 못 하겠다면 알았다고 하고, '유감스럽지만 이것이 내가 부여할 수 있는 최선의 합리적인 평가 결과'라는 것을 분명히 하고 대화를 마무리하는 것이 현명한 처신이다.

　추가적으로 그렇게 수용하지 못하는 이면에 숨겨진 원인이 있다면, 그것을 함께 잘 파악해서 시행착오가 되풀이되지 않도록 준비할 수 있어야 한다.

　아울러 이러한 연말 성과 결과 리뷰 및 통보 미팅 시 잊지 말아야 할 기본 전제가 있다. 일방적인 통보식, 훈육 스타일의 대화는 절대 금물이다. 집중해서 경청하고, 눈을 잘 맞추고, 질문을 잘 하고, 무엇보다도 직원 개인이 전체 대화를 이끌어 갈 수 있는 분위기를 조성해 주는 것이 중요하다.

Q. 다른 동료들의 성과 결과와 비교하면서 자신이 불공정한 평가를 받았다고 어필하는 경우는 어떻게 대응해야 하는가?

A. 사실 이런 형태의 어필과 불만에 관리자가 휘둘린다는 것 자체가 관리자로서 성과 관리에 무심했고, 관찰도 소통도 하지 않았다는 현실에 대한 반증이다.

이런 사안에서는 우선적으로 어필을 한 해당 직원과 그 직원이 언급한 동료를 굳이 동일 조건에서 비교 분석해서 시시비비를 가리는 우를 범할 필요는 없다.

이 직원의 어필은 일견 이해할 수 있는 부분이나, 이 사람은 비교 대상인 동료 직원을 지극히 피상적으로 관찰하고 그 일면을 언급하면서 불만을 제기했을 가능성이 매우 높다.

그래서 첫째는 정확히 그 동료 직원이 어떤 종류의 몇 가지 목표를 수립하여 성과를 추진했고, 개별 목표의 가중치와 마감 시한과 해당 팀에 구체적으로 어떤 영향을 미쳤는지를 제대로 이해하지 못한 상태에서 이런 이의를 제기하는 것은 결코 합리적 접근이 아님을 '조용히 그렇지만 단호하게' 지적을 해주어야 한다.

둘째는 이런 배경에 더하여 관리자로서의 관점이 그 동료의 관리자와 완전하게 동일할 수가 없기에 이 부분을 갖고 논리적으로 따지고 논쟁을 벌이는 것은 큰 의미가 없다는 점을 정리해 주어야 한다.

요약해 보면, 이 문제를 제기하게 된 원인은 해당 직원이 '상대적 박탈감' 내지는 일종의 비교 의식에서 기인한 것이 가장 크다. 또 평소 해당 관리자가 디테일하게 관리하지 못했던 것이 또 다른 원인이 되었을 가능성도 높다.

이런 경우는 상대와의 비교보다는 다시 원점으로 돌아가서 연초에 합의했던 목표와 그 가중치, 그리고 이를 달성하는 과정에서 해당 직원이 보여주었던 리더십과 효율성을 중심으로 관리자의 판단력과 통찰력을 중심으로 다시 이해를 돕는 것이 가장 안전한 방법이 될 수 있다.

Q. 이직을 통보한 핵심인재를 붙잡을 수 있는 방법인 카운터 오퍼(Counter Offer)는 효과가 있는 것인가?

A. 이직을 통보한 핵심인재는 잡을 수도 있고 못 잡을 수도 있다.

카운터 오퍼, 즉 금전적 보상을 포함해서 이직하는 회사에서 제시한 조건에 맞불을 놓는 역제안이 효력을 발휘할 수 있느냐의 여부가 주요 변수가 될 것이다.

놓치고 싶지 않은 핵심인재를 붙들기 위해서는 진부하게 들릴지는 모르겠지만, 진짜 무엇 때문에 이직을 하려는 것인지, 현재 회사가 근본적으로 그 빈 공간을 메꾸어 줄 수 있는지를 냉정하게 이해할 수 있어야 한다.

　단순히 저쪽에서 1억 원을 주니까 우리도 마찬가지로 맞추서 1억 원을 주거나 좀 더 주는 방법은 '약효'가 1년 이상 지속되기 힘들다. 이 원인 파악이 선결 조건이다.

　그런데 현실적으로는 만만치가 않다. 설령 원하는 것을 다 맞춰주더라도 얼마 있어 다시 떠나는 경우도 종종 있기 때문이다.

　대개는 단순히 보상 문제 하나만으로 이직을 결심하는 경우는 많지 않기 때문이다.

　설령 돈 문제 때문에 떠난다고 하더라도 기본적으로 회사에서 줄 수 있는 한계가 분명하고, 주고 싶어도 회사의 재정 여건상 지급해 줄 수 없다면 이 또한 난감하다.

　또 다른 원인은 사람과의 관계나 직무 배정의 문제 및 더이상 개인적으로 성장하는 데 한계에 다다랐기 때문일 확률이 높다.

　문제는 회사가 이 한 사람을 잡기 위해서 이런 모든 것을 조정할 용의가 있느냐다. 물론 이 모든 것을 다 조정해주지 못했음에도 여러 가지로 대화를 잘 풀어나가면서 떠나겠다는 사람을 붙들어 놓는 경우는 이따금씩 있다.

　그러나 직원이라는 존재는 언젠가 떠날 수 있기에 늘 백업할 수 있는 상비군을 잘 양성하는 것을 병행했으면 한다.

　그리고 요구 수준 100%를 들어주지 못했음에도 직원 입장에서도 조금 양보해서 퇴사를 철회하고 다시 열심히 근무하겠다고 다짐을 했을지라도 정말 완전히 계속 몰입해서 근무할 수 있는 가능성은 반반 정도라는 것을 내려놓고 인정할 수 있으면 좋겠다.

Q. '최애'하는 일 잘하는 직원의 성과 평가 등급 결정과 승진 제안이 뜻대로 수용되지 않는다면?

A. 성과 평가와 승진 결정에 있어 1차 관리자와 그의 상관 사이에 의견 차가 발생하는 경우이다. 그 결과로 관리자가 제일 아끼고 일 잘하는 직원에게 동기부여가 되지 않을 수도 있는 상황인데, 이러한 이슈의 가장 큰 쟁점은 당신이 분명 훌륭한 성과를 내고 있다고 믿는 어떤 직원에 대해서 상급자나 최고경영자가 무슨 이유인지 부정적인 견해 내지는 때로 오해와 잘못된 고정관념을 갖고 있다는 것이다.

그런데 상황 해결 전 반드시 냉철히 짚고 넘어가야 할 점이 있다. 정말 일을 잘 하는 직원인가에 대한 것이다.

그리고 혹시 해당 직원이 기대했던 성과 등급을 받지 못하고 승진을 하지 못했을 경우, 회사를 그만둘 충분한 가능성이 있는지 여부다.

이 직원이 떠난 후에 조직이 분명히 타격을 받고, 외부에서 인재를 찾아도 이 정도의 사람을 당장 확보하지 못하기에 그로 인한 여러 기회비용이 발생할 소지가 분명히 있는지를 감안해야 한다. 이런 전제 조건이 충족된다면 최종 의사 결정권자에게 한 번 더 어필해 볼 수 있는 필요충분조건이 충족된 것이다.

당연한 이야기지만 그 상관에게 그냥 열심히 하는 좋은 친구니까 긍정적인 시각으로 바라봐 달라는 요청은 효과가 없다. 그렇게 해서 한 번 정도는 잘 풀려서 넘어갈 수도 있겠지만 유사한 일들은 이후에도 충분히 생길 수 있다.

좀 더 객관적인 자료와 근거 및 논리로 왜 이 직원이 이 정도 수준의 성과 평과 등급을 받아야 하는지, 왜 승진을 해야 하는지를 다시 건의할 수 있도록 하는 것이 첫 번째 단계이다.

그런데 여전히 받아들여지지 않을 수 있다.

그렇다면 그다음은 -당사자의 입장에서는 여전히 아쉬울 수 있겠지만- 좀 '비밀스러운 융통성'을 발휘해 그래도 최소한의 보상을 받을 수 있는 무언가의 조치를 받아낼 수 있다면 좋을 것이다. 예를 들어 표면적으로 원하는 등급을 받지도, 승진도 하지 못했지만 급여 인상이나 보너스 지급에 있어서는 일반 승진 누락자보다는 한 단계 높은 수준의 금액을 받을 수 있도록 건의할 수 있다.

최소한 이 직원을 달랠 수 있고 격려할 수 있는 명분이 관리자에게 필요하기 때문이다. 그래도 이것이 받아들여지지 않는다면 앞서 언급한 최악의 시나리오에서 이 직원을 잃었을 때의 복잡한 기회비용 문제를 상급자의 머릿속에 이성적으로 그려줄 수 있어야 한다.

이러한 어필의 수용 결과 여부와 상관없이, 해당 직원에게도 투명한 메시지를 전해주어야 한다. 비록 미주알고주알 모든 이야기를 다 할 수도 없고, 그렇다고 조직 내 최고 의사 결정권자를 뒤에서 비난할 수는 없지만, 윗선에서 풀기 쉽지 않은 오해 아닌 오해가 있다는 것 정도는 알려주고 향후 이를 어떻게 관리해야 할지에 대한 의견이나 피드백 교환을 해줄 필요가 있다.

Q. '사고 친' 고성과자를 어떻게 조치해야 하는가?

A. 어려운 질문이고 쉽지 않은 의사결정이다.

너무 일을 잘 하는 직원이 있는데 그 사람이 사고를 쳤다면 어떻게 해야 할까?

선진 다국적기업에서는 사안에 따라서 징계 수위는 달라지겠지만 거의 절대적인 경우 주저 없이 징계한다.

그런데 이 사람이 일을 너무 잘하고 지금 징계로 인해서 일에서 손을 떼게 하면 그 일을 수행할 사람도 마땅치 않고 골치 아플 정도도 업무에 펑크가 나는 것이 불을 보듯 뻔하기 때문에 일부 경영자는 냉정하게 메스를 대는 것을 주저하는 경우가 발생한다.

의사결정이야 경영진의 고유 권한이다. 그렇지만 나는 어려움이 있더라도 냉정하고 공정하게 징계하기를 권한다.

관대하게 기회를 주게 되면 비즈니스야 진행이 되겠지만, 리더십에 타격을 입고, '사고 쳐도 일만 잘하면 무마될 수 있다'는 인식이 하나의 기업 문화로 뿌리를 내리기 때문이다.

그리고 무엇보다도 제대로 된 진정한 리더십 확립과 이탈하는 민심을 바로잡을 해법을 마련하기 어렵기 때문이다.

평소 존경하던 한 CEO가 늘 입버릇처럼 하던 말이 있다.

"열심히 최선을 다했음에도 업무에 좀 실수가 있고 업무 능력이 좀 부족한 것은 막아줄 수도 있고 코칭해 줄 수도 있고 기회를 한두 번 더 줄 수도 있다. 그러나 도덕이나 윤리적인 결함이 드러났을 때는 변호해 줄 수 있는 방법이 도무지 없다."

모든 리더들이, 조직에 몸 담고 있는 모두가 가슴 깊이 새겨야 할 메시지임에 틀림없다.

비리 때문에 발목이 잡히고 낙마하는 정·재계 인사들이 얼마나 많은가?

그들에 비하면 우리 샐러리맨들은 상대적으로 작은 실수에도 제대로 항변하고 방어하지도 못할 불리한 입장에 처하는 경우도 다반사이지만, 단순히 돈만 잘 버는 기업을 넘어서 좋은 기업으로, 존경받는 기업으로, 위대한 기업으로 가기 위해서는 냉정하게 다루어야 할 문제가 아닐까?

Q. 더 이상 미래가 없는 고참 사원의 미래는?

A. 냉정한 현실이지만, 서로를 위해서 이별을 생각해야 한다.

한 기업의 임원들을 대상으로 리더십 워크숍을 진행할 때였다. 대표이사가 고민을 털어놓았다. 감정적으로 상처받지 않도록 배려하는 문화가 지배적인 이 회사에서는 업무성과가 나지 않아도 누구도 이를 교정하려고 하지 않고 그냥 오랫동안 덮어두었다고 한다.

비단 이 기업의 이야기만이 아닐 것이다.

결과적으로는 역량도, 성과도, 그렇다고 잠재력이 뛰어나지도 않음에도 경력 연차가 쌓여가면서 그냥 자리를 지키는 고참 직원이 하나 둘 늘어나게 된다.

우선, 해당 관리자의 책임 하에 집중적이고 체계적인 관리를 통해 분명하게 성과의 진전이 이루어지는 프로그램을 설계하고 운영해야만 한다.

현재 자리에서 도저히 가망성이 없다면, 개선 가능성의 여지가 있는 자리로 재배치해서 성과를 내보게 하는 마지막 기회 한 번은 줄 수 있다.

그러나 이도 저도 안 된다면 더 늦기 전에 이별 준비를 해서 회사 밖에서 이들이 새로운 길을 찾을 수 있도록 유도해야 한다.

경력 전환 프로그램(전직 지원 프로그램) 등으로 최소한의 준비를 도울 수 있다면 좋다. 매우 어려운 일이다. 하룻밤 사이에 준비해서 실행할 수 있는 일들은 전혀 아니다.

여전히 회사가 이런 사람들을 정년퇴직 때까지 계속 품어주고 상당한 급여를 줄 마음과 여유가 있다면 당장 큰 문제가 안 될지도 모른다.

그런데 파생적으로 따르는 문제는 분명히 있다. 젊은 구성원들, 일 잘하는 사람들은 상대적으로 당연히 업무 부담감과 피로도가 높아지고 허탈해져 동기부여가 안 될 것이니 말이다.

전체적으로 조직 전체의 생산성이 향상되지는 않고 서서히 하향 평준화될 수 있을 것이다. 궁극적으로는 외부에서 실력 있고 엄청난 잠재력을 지닌 신규 인력을 충원할 수 있는 자리는 줄어들 수밖에 없는 것은 당연히 예견되는 일이다.

사회적으로도 이런 유형의 기업들이 계속 존재한다면 젊은 세대들의 실업 문제 해결에도 난맥이 생길 수밖에 없다.

Q. 보스와의 갈등은 어떻게 풀어야 할까? (외국계기업들의 보스들은 모두 합리적일까?)

A. 국내 기업이건 외국계기업이건 보스, 특히 최고 경영자와의 갈등은 있을 수밖에 없다.

국내 기업이든 외국계기업이든 합리적이고 훌륭한 리더들이 많이 있다. 하지만 어느 조직이든 그곳도 다양한 사람들이 있는 곳이니 이상한 리더들도 상당히 많이 있다.

기업의 일하는 방식이라는 문화, 리더십 철학, 기업 조직의 구조적인 특성 등이 기업 최고경영자나 리더들의 권한 크기나 행사 방식에 분명 영향을 준다. 하지만 어쨌거나 보스는 보스일 수밖에 없다.

설령 해당 보스의 참모나 팀의 직원으로서 실력이나 객관적 논리 그리고 여론 등에 있어 유리하다고 할지라도, 그 보스를 논쟁해서 이겨야 할 상대, 그래서 잘못된 것을 지적해 주고 바꾸고 변화시켜야 할 상대로 세팅하는 것은 절대 지양하라고 권해주고 싶다.

그 사람이 조직을 와해할 정도의 치명적인 리더십 문제를 갖고 있거나 민형사상의 문제가 있지 않다면 말이다.

차라리 직설적으로 단둘이 있는 자리에서 한두 차례 정도는 "제가 어떤 문제를 언제까지 어떻게 풀어드리면 마음이 편하시겠습니까?"라고 물어보는 것도 나쁘지는 않다고 본다.

너무 싱거울 수도 있는 이야기이지만 진정한 신뢰 관계를 형성하고 그 보스의 인간적인 약점이나 고민까지도 이해하고 품어줄 수 있는 단계에 이를 수 있다면 한층 더 효과적인 보스 관리나 관계 형성과 효율적인 업무 수행이 가능할 것이다.

물론 어떤 상황에서라도 한쪽으로의 쏠림 현상은 주의해야 할 것이다. 현장에 나가보면 이 부분을 머리로는 어느 정도 이해하지만 실천을 잘 하는 참모들을 발견하는 것은 쉽지가 않다.

그리고 정기적으로 때론 수시로 큰 목표와 작은 목표에 대한 우선순위 지정과 진행 방식에 대한 의견 조율과 업데이트를 해줄 수 있어야 한다.

때론 한 번 이야기하고 합의한 내용도 깜박하거나 오해하는 경우가 왕왕 발생한다. 그 리더가 연배가 어느 정도 있고 너무 많은 현안에 둘러싸여 보고를 계속 받고 있다면 말이다.

그래서 문서로 정리해 주고, 이메일도 보내주고, 식사나 티 타임을 하면서도 상기시켜 주고 다양하고 유연한 방식으로 계속 서로 한 방향을 바라보고 같은 이해도를 유지하기 위한 노력을 해나가야 한다.

장기적으로 오래 그 자리를 지켜내고 있는 성공한 최고 경영자가 직관력이 매우 뛰어난 리더 스타일이라면, 그와의 관계에서는 업무적인 논리성을 논하기 전에 신뢰를 형성하는 것이 먼저다. 그리고 초기에는 보스의 요구 사항부터 먼저 수행하고 어려운 문제를 하나 둘씩 해결해 주는 자세가 선행되는 것이 필요하다.

Q. 재입사하는 임직원을 받아주는 것이 정답일까?

A. 기업마다 재입사에 비교적 유연한 곳도 있고, 일단 한 번 싫다고 떠난 사람은 절대 다시 받아줄 수 없다는 엄격함을 견지하는 곳도 있다.

그러나 기업 경영에서는 정답이 여러 개가 있을 수 있기에 비즈니스에 도움이 되고 조직 분위기에도 별다른 이슈가 없다면 받아주라고 조언한다.

즉 '사용처'가 분명하고 활약을 해 줄 가치를 여전히 보유하고 있다면 기업 입장에서는 크게 손해 볼 것이 없을 것이다.

상대방도 재입사를 하고픈 마음이 분명하고, 기업도 여러 요소를 고려해 보았을 때 그 직원을 재입사시키는 것이 최선이나 최적의 결정이라는 확신이 들면 굳이 이를 거부할 필요는 없다고 본다. 특히, 그냥 우리 싫다고 떠났다는 '괘씸함' 이외에는 뚜렷이 반대할 명분이 없다면 전체 조직의 운영을 위해서 열린 마음을 취하는 것은 나쁘지 않다.

이전 멤버의 재입사는 신규 인원을 시장에서 물색해서 인터뷰 과정을 성공적으로 마쳐서 입사를 결정했다고 해도 늘 걱정이 되는 업무나 조직 문화에 적응하는 문제만큼은 마음을 놓을 수가 있다.

다만 기업마다 문화적인 미묘한 차이점이 있기에 이것까지 억지로 바꿔가면서까지 재입사를 강행해도 된다고 강하게 이야기할 수는 없다.

또한 업무 능력과 별도로 이전에 심각하게 사고 친 경험-예를 들자면 심각한 리더십 문제, 유관 부서와의 잦은 감정적 충돌, 기타 도덕적·윤리적 문제-이 분명히 있고, 이에 대해 개선될 가능성이 없다는 것을 알면서도 무리해서 재 영입하는 것은 피하는 것이 좋다.

Q. '멘붕'의 소식(해고 통보 등)을 어떻게 알리는가? (커뮤니케이션은 리더의 필수 역량일까?)

A. 요즘처럼 불확실성으로 가득 차 있는 경영 환경 속에서 리더는 원치 않는 소식을 전해야 할 때가 있다. 구성원의 관점에서 가장 충격적인 소식은 단연 '짐 싸서 집으로 가라'는 말이다. 이런 멘붕의 소식은 어떻게 전해야 하는가?

몇 가지 절대로 놓쳐서는 안 되는 원칙이 있다.

첫째, 빙빙 말 돌리지 말고 그냥 본론으로 들어가라. 물론 때론 '스

'몰 토크'가 필요할 수도 있다. 상대방이 먼저 그런 분위기의 말을 꺼낸다면 가볍게 응대해 줄 수는 있을 것이다.

그런데 가장 중요한 메시지는 객관적으로 팩트를 전하는 것이 아닌가! 어설픈 오프닝보다는 다소 드라이해 보일지라도 본론의 요지를 전하는 것이 좋다.

둘째, 지키지도 못할 약속을 하거나 괜한 기대감을 심어주지 말아라. 당신이 최종 의사 결정권자라면 모르겠지만, 괜히 어색하고 안쓰러운 분위기나 상대의 분노를 잠재우기 위해서 엉뚱한 기대감을 심어주는 것은 최악의 시나리오로 가는 길을 열지도 모른다.

셋째, 메시지는 관리자가 책임지고 전달한다. 본인은 뒤로 빠지고 자꾸 인사부를 앞장서서 내세우는 것은 정말 리더로서 무책임하고 무능함을 극명하게 보여주는 것이다. 물론, 인사부의 도움을 받고 상호 전략적으로 협력하는 것은 필요하다.

그렇지만 메시지의 전달자는 해당 관리자가 되어야 할 것이다.

끝으로, 일관성, 투명성, 진정성을 유지해야 한다. 어쩌면 이는 위기 상황의 커뮤니케이션에만 해당하는 것이 아닌 경영을 하는 데 있어서 역시 가장 중요한 원칙이 아닐까 강조하고 싶다.

이런 원칙 하에 정보가 섞이지 않고 정확하고 투명하게 전달될 수 있어야 한다. 말을 바꾸거나, 숨겨진 또 다른 의제(Hidden agenda)를 둔다면, 드러나는 것은 시간 문제이고 구성원들로부터 외면당하고 비난받을 것이다.

커뮤니케이션 능력, 특히 민감한 소식을 담담하게 객관적으로 전달하는 리더의 커뮤니케이션 능력은 앞으로 더 중요하게 요구될 것이다.

말을 청산유수처럼 잘하는 것을 의미하는 것이 아니라, 어려운 상황에서도 전달해야 할 메시지를 담백하게 전달하고 결국은 별 잡음 없이 매듭지을 수 있는 능력이 필요한 것이다.

평소 상황을 잘 관찰하고 정확히 경청하고, 솔직하게 전할 수 있는 능력을 계속 실천하고 훈련해야 한다.

Q. 한국식 인사 관리 제도는 정말 문제가 있는 것일까? 다국적기업의 인사 관리 제도는 정말 모두 훌륭하고 합리적인 것일까?

A. 이 질문에 대한 정답은 당연히 '노(No)'이다.

한국의 인사 제도나 문화에도 훌륭한 것은 많다. 의사결정의 속도가 빠르고 통일성 있다는 것, 상대적으로 사람을 배려하는 문화도 있다.

아무래도 정서 관리에는 상대적 장점이 있다. 거기에 아직까지는 순환보직제가 중심이 되어있기에, 전체적인 비즈니스 운영 및 부서에 대한 이해도가 높기 마련이다.

반면에 외국계기업의 경우는 앞서 본문에서 여러 가지 장점을 부각했지만, 대체적인 인사담당자의 프로필이 인사 한 분야에 고착된 경우가 많고, 경력사원 중심으로 채용하다 보니 다양한 조직에 대한 이해나 적응력, 순발력이 높을 수 있지만 때때로 비즈니스에 대한 깊은 이해를 놓칠 수도 있는 가능성이 있다.

이에 더하여 절대다수의 미국 기업의 경우는 일명 매트릭스 조직으로 운영이 되는데, 이 경우 전체적인 견제와 균형에는 좋지만, 신속 정확한 의사결정이나 본사와 한국지사, 그리고 각 부서 간 사일로(Functional silo)로 인한 잠재적 장벽의 요소도 도사리고 있다.

그렇지만 외국계기업의 인사에 대한 철학, 체계적으로 일하는 방식, 시스템, 종합적인 관리 방식, 사람 심리에 대한 이해, 문제 해결과 커뮤니케이션 능력은 우리가 계속해서 배울 가치가 있다고 생각한다.

Q. 떠나가는 구성원에게 절대로 해서는 안 되는 것들은?

A. 누군가 조직을 떠날 때 별것 아닌 것 같지만 무심코 한 어떤 언행이 상당히 커다란 상처를 주는 경우가 더러 있다. 특히 비자발적으로 떠나는 경우나 어떻게 하다 보니 본의 아니게 동종업종으로 이직을 하는 경우에는 서로 민감해지는 경향이 있는데, 한 번 더 신경을 써야 할 사안들이 몇 가지 있다.

덕담을 해주고 노고를 인정해 주기는커녕 떠난다고 뒤에서 비난하거나 흉을 보는 행위는 별생각 없이 내던지는 말 중의 가장 흔한 예다.

비자발적인 퇴사의 경우에는 사람을 거의 두 번 죽이는 꼴이 될 수 있다. 환송회나 선물이나 따뜻한 마음을 표하는 행사를 생략하는 것도 조심해야 한다. 물론 퇴사하는 사유나 근속 기간, 상황에 따라서 당사자가 불편해하거나 거부하는 경우도 있다.

  그렇지만 어떤 형태로든 -비공식적이라도- 해주는 것이 좋다. 곧 떠나는 것이 결정되었다고 사전 동의나 커뮤니케이션 없이 업무에서 일방적으로 배제하는 것도 문제다.

  어떤 관리자는 '상대를 배려하는 의미에서 그렇게 했다'고 주장하기도 하지만, 상대방의 마음은 다를 수가 있다.

  이와 함께 먼저 이메일이나 시스템 접속을 끊는 것, 법정 퇴직 일자가 아직 남아있음에도 불편하다는 이유로 일방적으로 "이제 그만 나오시죠!" 하면서 집으로 보내는 것 등은 정말 상대방에게 오랜 시간 상처를 주는 일이자 자칫 잘못하면 시빗거리가 되어서 노사 이슈로 번질 수도 있다는 것을 잊지 않았으면 한다.

HR 건강지수 체크리스트

　본 섹션은 각 조직의 HR 건강지수를 간단히 진단해 볼 수 있는 체크리스트이다. 본서의 본문에서 다루었던 인사 관리 철학과 전략에서부터 퇴직 프로세스까지의 영역에서 독자들이 속한 조직의 건강한 정도를 확인해 볼 수 있는 주요 질문으로 구성했다.

　절대적인 기준이라고 단정지을 수는 없다. 하지만 적어도 경영자/임원/인사 관리 책임자 등의 관점에서 보았을 때, 해당 기업의 인력 및 조직 운영이 효과적으로 운영되고 있는지를 가늠해 볼 수 있을 것이다.

　기술된 문장에 기업의 현주소를 5점 척도 기준으로 답변하여 각 문항을 측정하면 된다. 척도의 기준은 다음과 같다. 해당 문항 별 해당 답변 점수를 모두 더하여 총점으로 계산하면 된다.

1점	2점	3점	4점	5점
전혀 그렇지 않다.	그렇지 않다.	보통이다.	그렇다.	매우 그렇다.

No	소주제 및 문항	1	2	3	4	5

• 인사 전략과 인사부의 역할 •

인사부의 큰 방향과 역할에 대한 인식 및 우선 순위 직무에 대한 현상을 점검해 보는 질문이다.

No	소주제 및 문항	1	2	3	4	5
1	기업의 비전과 전략에 근거한 인사부의 명확한 전략과 회계연도의 우선 순위 과제가 설정되어 있고 경영진과 잘 공유되고 조율되고 있다.					
2	인사부의 역할이 행정 및 관리 업무 처리보다는 조직 내외부의 환경변화 인식을 바탕으로 비즈니스 파트너, 공동의 의사 결정권자, 비즈니스 문제 해결의 조력자로 더 무게를 두고 있다.					
3	인사부의 주요 현안이 인재 확보 및 육성, 종합적인 성과 관리, 조직 문화 개선, 조직 효율성 관리(인사 조직 시스템 구축 포함), 리더십 개발 등 균형 있게 설계되어 운영되고 있다.					
4	인사 책임자/실무 전문가의 핵심 역량이 비교적 소상히 정의되고 기술되어 있고, 이를 기준으로 적임자를 선발하려고 의식적인 노력을 한다.					
5	외국의 유행하는 인사 트렌드나 타사의 인기 있는 인사제도나 프로그램에 무조건 일희일비하지 않는다.					

• 인재 선발의 원칙과 방법 •

인재 선발을 어떤 원칙과 효과적인 방법을 통해 실행하고 있는지에 대한 현상을 점검해 보는 질문이다.

No	소주제 및 문항	1	2	3	4	5
6	체계적인 채용 프로세스와 방법론이 있다: 채용인원 선정, 인터뷰 진행 및 정리 미팅, 전체 프로세스 조율 등.					

7	핵심 역량, 직무 역량, 문화적 적합도 등을 효과적으로 체크할 수 있는 구조화된 인터뷰 문항을 항상 적극적으로 활용한다.					
8	인재 선발 전형 시, 인사부와 현업 부서 간의 역할 분담이 비교적 잘 정리되어 실행되고 있다.					
9	주요 포지션에 대해서 평판 조회를 적극적으로 활용하고 지원자의 자격 요건에 대해 100% 확신이 서지 않거나 의심스러운 부분이 있을 시, 현장 상황의 긴급함을 이유로 타협해서 채용 결정을 하지 않는다.					
10	내부에 잘 훈련된(분별력 있는) 면접위원들이 있다. 정기적으로 매니저들을 훈련시키거나 관련된 세부적인 가이드라인으로 교육한다.					

· 성과 관리와 보상 ·

어떻게 구성원의 성과를 관리하고, 평가하고, 공정하게 보상하고 있는지에 대한 현상을 점검해 보는 질문이다.

		1	2	3	4	5
11	종합적이고 균형적인 연간 성과 관리 시스템이 구축되어 있다.					
12	연간이나 반기 단위로 합의된 사업목표 하에 진행된 성과 진도의 과정, 결과 등을 종합적으로 리뷰하고, 객관성 있게 평가하고 커뮤니케이션하는 성과 관리가 꼼꼼히 진행되고 있다.					
13	관리자에 의한 상시적인 성과 달성에 대한 모니터링과 관리자-구성원간의 양방향적인 생산적인 피드백과 코칭이 꾸준히 진행되고 있다.					

14	보상 결과, 급여 인상, 인센티브 지급과 승진 결과 등에 대해서 비교적 투명하고 최대한 객관적 논리와 근거를 갖고 당사자들에게 커뮤니케이션해주는 문화가 자리를 잡고 있다.					
15	저성과자에 대해서 분명한 개선이 이루어질 수 있는 성과개선 프로그램이나 적절한 조치가 적극적으로 이루어지고 있다.					

· 문제 해결, 갈등 관리 및 효과적인 인사조직 관리 시스템 ·

민감한 문제 해결이나 의사결정에 대한 원칙이나 해결 방안의 현상을 점검해 보는 질문이다.

		1	2	3	4	5
16	주요 문제 해결에 대한 철학이나 원칙, 또는 내부의 문제 해결 방법론이 존재하고 있고 이에 대해서 적어도 팀장 이상은 이해하고 최대한 활용하려고 한다. 내부의 공식/비공식 컨트롤타워가 잘 운영되고 있다.					
17	인력이나 조직에 대한 이슈를 인사부만의 책임으로 돌리지 않고 관리자의 주요 업무 책임 영역에 포함되어 있다					
18	승진과 리더십 인사 명령에 있어서 주요 리더들 간의 적절한 수준(합리적 수준)의 공감대와 커뮤니케이션이 이루어지고 있다.					
19	성과 평가나 급여 인상의 최종 공식적 결과 전에 내부의 조율 미팅이나 중재 절차가 운영되고 있다.					
20	조직 전체 비즈니스 운영이나 인력/조직 운영의 효율성 및 효과를 점검해 볼 수 있는 스코어 카드나 자체 진단 절차(프로세스)가 있다.					

• 지속적 인재 육성 및 커리어 관리 시스템 •

지속적으로 인재를 육성하면서, 어떻게 더 좋은 인재들과 함께하려고 노력하는지에 대한 현상을 점검해 보는 질문이다.

		1	2	3	4	5
21	정기적으로 리더십 포지션, 핵심인재, 저성과자에 대해 점검하고 액션을 취하는 프로세스가 잘 정립되어 실행되고 있다.					
22	핵심 포지션에 대한 승계 계획(Succession plan)이 잘 수립되어 있고, 미래 리더에 대한 투자 등 리더십/인재 파이프라인 구축을 위한 프로그램이 잘 운영되고 있다.					
23	리더(특히 임원 이상)는 자신의 업무 시간과 노력의 1/3 이상을 인재 육성과 발굴에 어떤 형태로든 투자하고 있다.					
24	체계적이고 균형 있는 임직원 역량 개발 프로그램이 지속적으로 잘 설계되어 진행되고 있다.					
25	구성원의 중장기적인 커리어 개발 및 회사 밖에서의 커리어 성공에도 도움을 줄 수 있는 프로그램들이 운영되고 있다.					

• 퇴직 관리 시스템 •

어떻게 퇴직 관리 프로세스가 관리되고 자발적/비 자발적 퇴직자의 커뮤니케이션에 대한 현상을 점검해 보는 질문이다.

		1	2	3	4	5
26	잘 정리된 퇴직 관리 프로세스가 있고 관리자급 이상은 이를 잘 숙지하고 충실히 지키려 하고 있다.					
27	퇴직 인터뷰는 결코 형식적으로 이루어지지 않고, 회사는 퇴직 면담 내용을 체계적으로 정리해서 주된 퇴직 사유 파악과 유사 사유로 인한 인재 유출을 최소화하기 위한 노력을 하고 있다.					

28	비자발적 퇴직자(징계로 인한 퇴직자 포함)에 대한 커뮤니케이션에 특히 만전을 기하고 떠나는 자와 남아있는 자 모두의 정서 관리에 특별히 신경 쓰는 문화가 있다.				
29	떠나는 직원들에 대한 따뜻하고 정성스러운 환송회를 해 주는 것이 기업의 좋은 문화로 잘 정착되어 있다: 떠나는 직원들이 비교적 편안한 마음으로 서운함 없이 퇴사할 수 있도록 모두가 노력한다.				
30	퇴직자 그룹과의 비공식, 공식 네트워크가 잘 형성되어 필요시 상호 연락이 용이하다.				
총점					

전체 문항 총점에 대한 의견 및 제안

▶ **120점 이상_** 인사조직 운영의 건강지수가 매우 높고 상당히 전략적이고 일관성 있게 움직이고 있는 조직이라고 판단됨. 현재의 전략적 방향과 운영의 탁월함이 유지될 수 있도록 정기적인 점검과 업데이트/업그레이드를 권함.

▶ **90 ~ 119점_** 인사조직 운영의 건강지수가 높고 조직이 안정적으로 운영되고 있다고 판단됨. 전략적으로 전체 그림에서 유관 부서와 이해관계 당사자 간의 한 방향으로의 정열(Alignment)과 조율이 좀 더 필요할 것이라고 예측됨.

▶ **61 ~ 89점_** 인력 및 조직 운영 상의 심각한 문제가 있는 것은 아니나, 구성원의 역량과 조직 효율성을 통한 지속적인 성장을 꾀하기에는 한계가 있을 것으로 판단됨. 일반적인 관리 중심의 체제에서 전략적으로 확실한 방향 전환이 필요함.

▶ **60점 이하_** 전체적으로 인력 및 조직 운영, 특히 건강한 조직 문화 구축에 있어 적신호가 켜진 상태. 총체적인 진단과 함께 우선 순위별 대책 마련이 시급.

___ 이 책을 먼저 읽은 대한민국 오피니언 리더들의 한마디 ___

기업 경영의 처음이자 마지막,
'사람'에 대한 특급 과외!

이 책은 동종의 경제경영 서적에 비해서 상대적으로 읽기 쉽다. 그런데 기존에 일반적으로 접했던 뻔한 이야기가 나오지 않아서 신선하다.

책의 곳곳에서 의미 있는 통찰력까지 발견하게 되어 더 마음에 든다. 다시 한번 이 책을 읽고 제대로 공부해봐야겠다는 생각이 든다. 인사담당 임원은 물론 비즈니스하는 지인들에게 추천하고 싶다.

김기령_ 쿠팡 인사담당 부사장

일의 특성상 스타트업 대표, 대기업 임원, 벤처캐피털리스트(VC) 대표들을 늘 만난다. 이들에게 가장 중요하면서도 어려운 문제가 무엇이냐고 물을 때 항상 듣는 이야기는 단연코 '사람'이다. 베테랑 인사 전문가 한준기 교수는 『인재집착경영』을 통해 어려운 인사 이슈들을 쉽게 이해할 수 있도록 풀어준다.

'애자일 조직'이나, 인재 선발을 위한 7가지 질문, 어세스먼트 센터, 외부 인재 영입에 대한 평가/보수 방법 등등. 상대적으로 약한 인적 자원으로 인해 전전긍긍하는 스타트업 경영자들의 고민을 정확히 짚어주는 통찰력이 남다르다.

HR 이슈로 인해 고민이 많은 스타트업 대표, 인사 조직의 변화를 필요로 하는 대기업과 중견 기업, 그리고 VC 대표들에게 이 책을 추천한다.

데이비드 김_ Plug & Play(플러그앤플레이) 코리아 CEO

최근 기업의 인사 담당자와 경영진이 가장 많이 하는 이야기 중 하나가 HR 트랜스포메이션이다. '앞으로 10년을 이끌어갈 HR의 화두는 무엇이고, 기업의 HR 제도는 어떻게 변화해야 하며, 조직 내 HR 조직은 어떠한 역할을 해야 하는가'에 대한 것이다.

20년간 HR 컨설턴트로 일하고 있지만, 요즘처럼 '투 비(To-be)' HR에 대한 답을 명쾌하게 제시하기 어려웠던 적도 없었던 것 같다.

이 책은 일단 쉽게 읽을 수 있지만, 명쾌한 방향을 제시해 주고 있으며 더 나아가 HR의 본질에 대한 깊은 메시지도 함께 전달해 주고 있다. 저자가 경험한 실제 사례들이 생생한 현장감을 더해 주고 있다.

이 책은 가볍지 않다. 두고두고 곁에 두고 읽어도 될 만큼 가치 있는 HR의 필독서가 될 것으로 기대한다.

김석집_ 네모파트너즈 인사조직 부문 대표

기업을 직접 경영하는 나에게 가장 중요하면서도 어려운 문제가 무엇이냐고 묻는다면, 첫째도 사람이요, 둘째도 사람이다. 그만큼 사람을 뽑아서 조직을 관리한다는 것은 어쩌면 기업 경영의 처음이요, 마지막이라고 할 수 있다. 좀 과장하자면 전부일 수도 있을 것이다. 『인재집착경영』은 경영자의 관점에서 인사 이야기를 쉽고 적절하게 풀어주고 있다. 읽는 내내 고득점을 목표로 공부하는 학생이 마치 특급 과외를 받는 듯한 느낌이었다.

경영자는 물론이요, 팀장 이상의 리더들에게 꼭 일독을 권한다.

김선진_ ㈜플랫바이오 대표이사 CEO

· 전 미국 텍사스대 앤더스 암센터 교수 · 의학 박사

스타트업이 유니콘 혹은 그 이상으로 성장하면서 가장 크게 고민하는 것은 사람, 즉 인사(HR) 문제다. 인재를 얻고 조직을 성공적으로 관리하는 것은 경영의 전부라고 할 만큼 중요하고도 어렵기 때문이다.

세계 초일류 글로벌 기업 사례를 벤치마킹하려 해도 기대만큼 성과가 나지 않고, 기업의 빠른 성장속도에 맞춰 기업 문화와 인사 철학을 성장시키는 것에는 많은 비용과 고통이 따르곤 한다.

이러한 스타트업 경영자의 고충을 좀 더 생각하며 집필했다는 저자의 의중이 의미 있게 다가온다. 특히, 직원의 고용 사이클에 맞추어서 경영자가 놓쳐서는 안될 포인트를 잘 풀어주고 비즈니스 현장에서 즉시 응용할 수 있기에 인사(HR)를 고민하는 리더들에게 일독을 권한다.

김종윤_ 야놀자 & 야놀자클라우드 대표

지난 5년간 스타트업 전문 투자자로 100여 개에 달하는 포트폴리오 기업의 창업자를 만나 그들의 성장을 지켜보는 큰 행운을 누렸다. 아이러니하게도 창업자의 성장과

정을 지켜보니 가장 큰 애로점은 후속 투자유치가 아니라, '인사'였다.

인재 선발, 평가와 보상, 성장과 관리는 창업자가 경험해본 영역이 아니다 보니, 내게 그런 고민 상담을 해올 때면, 내 자신의 제한된 경험에 의존하는 일이 다반사였다.

이 책은 그야말로 그들을 위한 '시크릿 노트'다. 저자의 실제 경험과 사례를 쉽고 편안하게 풀어낸 이 책이야말로 스타트업 창업자와 팀에게 도움이 될 것이다.

시간을 압축적으로 활용해서 초고속 성장을 일궈내는 혁신 조직 스타트업 이면에는 체계적이지 못한 인사 시스템이 여전히 있다. '인사 고통'으로 성장이 좌초되는 창업자들이 이 책으로 일말의 실마리를 풀기를 바란다.

김진영_ 더인벤션랩 CEO · 경영학 박사

이 책은 가끔 이율배반적 인재관을 보이는 CEO들에게 전하는 한마디 서늘한 충고 같다. 먼저 인사 업무를 보는 시각 교정을 주문한다. 전통적인 기능 위주의 일에서 벗어나 주도적으로 비즈니스를 이끌어가는 파트너로서의 인사 업무를 규정하고 있다.

두번째 충고는 더 강력하다. 인사조직 관리는 예민한 유기적 조직체를 다루는 일이라는 것을 유념하라는 것.

저자는 이 진리를 잊지 않도록 반복해서 조언한다. '성과 관리는 프로세스다, 인사는 긴 호흡이고 과정이며 문화이다'라고 말이다.

마지막 충고는 리더들을 향한다. '리더란 조직 내의 건강한 습관과 루틴을 만들어주는 개척자 역할'이라는 구절은 초보 CEO인 내게 많은 울림을 주고 있다.

근시안적 HR 운영에서 벗어나 인재들이 모여 뿜어내는 탤런트의 합을 어떤 문화로 승화시킬 것인가를 고민하는 CEO라면 꼭 읽어보길 추천한다.

김현주_ 행복한 바오밥 공동대표 CEO

오랜 역사를 가진 우량 기업들이 가진 공통점 중 하나는 체계화된 인사제도를 가지고 있고 또 이를 제대로 운영하고 있다는 점이다.

성장 단계에 따라 기업의 사업적 우선 순위는 다를 수 있지만 기업의 장기적인 성공은 결국 사람이 결정한다. 기업이 사업 목표를 달성할 수 있도록 구성원의 동기를 유발하고 몰입할 수 있도록 지원하는 것이 HR이 존재하는 이유이다.

저자는 '제대로 된 HR을 하는' 글로벌 기업에서 직접 체험한 채용부터 퇴직까지 전 과정에 걸친 사람 관리의 노하우를 체계적으로 풀어 놓는다. 바로 적용할 수 있는 현장감이 돋보인다.

변연배_ 우아한청년들 부사장
· 전 쿠팡 부사장 · 전 모토롤라 아시아태평양지역 인사담당 임원 · 경영학 박사

스타트업을 하면서 많은 고난을 사람 덕분에 이겨 내기도 하고 한편으로는 사람으로 인해 회사에 시련이 생기는 것을 목격하면서, 인사의 중요성을 너무나 실감하게 되었다. 본서에 담겨 있는 현장감 있는 스토리와 통찰력은 조직을 조직답게 만들고자 고민하는 모든 이에게 훌륭한 안내서가 될 것이라 생각한다. 개인적으로 항상 머리맡에 두고 싶은 책이다.

서재준_ 티웨이브(아임인) 대표이사 CEO

인사는 참 어렵다. 인사가 뜻대로 된다면 기적이다. 솔직히 지금도 잘 모르겠고, 잘 하지 못하고 있음을 안다. 그러다가 '인재집착경영'이라는 제목에 '이건 뭐지?' 하는 생각이 들었다.

어려운 인사 문제에 관해 조언을 구해왔던 저자로부터 책을 집필 중이라는 이야기를 들었을 때만 하더라도, 이런 책일 줄은 몰랐다.

바로 지금 고민하고 있는 여러 문제들에 대해 실질적인 지혜와 인사이트를 배부르게 얻을 수 있었다. 시행착오와 고난의 떡을 통해 배우는 교훈도 값지지만, 굳이 그런 고생 덜 하고도, 더 잘 할 수 있는 지혜를 얻는다면 얼마나 값진 일인가? 스타트업 창업자와 경영자들의 필독을 추천한다.

성용준_ INGINE Inc.(파력에너지 스타트업) 대표이사 CEO

이 책은 한국과 글로벌의 인사·조직 관리 차이를 다양한 케이스로 소개하고 있다. 특히 한국의 특성에 맞는 인사·조직 관리 사례는 경영자, 관리자가 참고할 만한 사항이 많다.

회사의 인사·조직 관리를 개선하고 지속 가능성을 원한다면 국내외 다양한 사례와 경험을 참고할 수 있는 이 책을 추천한다.

이동욱_ 자버 전자문서 서비스 대표이사 CEO

지역 기업의 성장을 돕고 지역 경제를 살리는 중요한 미션을 품고 거의 매일 다양한 경영자들을 만난다. 가장 큰 고민을 물어보면 CEO들은 한결같이 첫째도 사람이고, 둘째도 사람이라고 말한다. 어쩌면 '모든 일은 결국 사람을 통해서 이루어진다'라는 것을 새삼 확인하게 된다.

본서는 인사조직 관리라는 어렵게 느껴질 수 있는 주제를 경영자, 특히 중소기업이나 스타트업 리더들의 눈높이에서 효과적으로 잘 풀어주고 있다. 손쉽게 구할 수 있는

가성비가 꽤 높은 경영의 도구이다. 한번 경험해 보기 바란다.

전창록_ 경상북도 경제진흥원장 · 전 삼성전자 리테일마케팅 총괄 임원

대표이사가 되고 나서야 비로서 기업 경영은 결국 사람이 문제라는 것을 체감하게 되었다. 켈로그 창업자인 W.K. 켈로그(Kellogg)는 "사람에게 돈을 투자하겠다(I'll Invest My Money in People)"라고 했다. 그만큼 훌륭한 인재를 얻고 관리한다는 것은 어쩌면 기업 경영의 처음이요, 마지막이라고 할 수 있다. 『인재집착경영』은 인사 이야기를 경영자의 관점에서 사례를 통해 쉽고도 적절하게 잘 풀어주었다고 생각한다.

읽어보는 내내 실제 인사와 경영 문제에 대해서 검증된 프로에게 원 포인트 레슨을 받는 느낌이었다. 경영자의 필독서로서 충분하다.

정인호_ 농심켈로그 한국/대만/홍콩 대표이사 CEO

하루하루 빠르고 치열하게 돌아가는 비즈니스 현장에서 나와 같이 회사의 제품, 브랜드, 사람을 놓고 고민할 수밖에 없는 리더들에게 조직 관리에도 분명 해답이 있다는 것을 깨우쳐 주는 책이다. 손 닿는 곳에 두고 틈틈이 참고해보기를 권한다.

한지훈_ 한국다이슨 대표이사 CEO

스타트업을 공동 창업하고 IPO까지 가는 과정이 참 순탄하지 않았다. HR이 늘 이슈였다. 근태 문제에서 채용, 퇴사, 조직 개편 이슈까지 전문적인 HR 경험이 없었던 창업자 입장에서 쉬운 것이 하나도 없었다. 그나마 참고가 되었던 것은 이전에 경험했던 좋

은 회사들의 인사 시스템이었다.

이 책의 저자는 존경받는 글로벌 기업에서 성공적으로 HR 이슈를 풀어나간 경험을 실감나는 이야기로 들려준다. 그래서 무엇보다 재미있고 사례 별로 구체적으로 다루고 있어서 실무에 필요한 부분을 그때 그때 활용하기에 좋다.

황리건_ 원티드랩 공동창업자 겸 개발총괄 임원

기업을 경영하는 사람들, 특히 스타트업이나 중소기업을 경영하는 사람들에게는 글로벌 초일류 기업으로 성장하고픈 열망은 늘 존재한다. 그런데 조직은 경영진의 바람만큼 진도를 맞춰 주지 못하는 경우가 대부분이다.

인사 전문가로서 저자 커리어의 스펙트럼은 참으로 넓고 깊다는 생각이 든다. 저자의 도움을 받으며 이 책에서 그 근본적 이슈에 대한 원인을 찾을 수 있다. 사람이건 기업이건 철학이 얼마나 중요한 것인지를 이해할 수 있는 의미 있는 책이라고 생각한다.

황태순_ 한국 유전체기업협의회 회장 & 테라젠바이오 대표이사 CEO

인재집착경영

초판 1쇄 발행 | 2022년 9월 15일

지은이 | 한준기

펴낸이 | 송미진
뛰는이 | 임태환
알리는이 | 홍준의
꾸민이 | 장정운

펴낸곳 | 도서출판 쏭북스
출판등록 | 제2016-000180호
주소 | 서울시 마포구 큰우물로 75 1308호(도화동, 성지빌딩)
전화 | (02)701-1700
팩스 | (02)701-9080
전자우편 | ssongbooks@naver.com
홈페이지 | www.ssongbooks.com

ISBN 979-11-89183-18-9(03320)

ⓒ한준기, 2022

값 17,000원

- 이 책은 저작권법에 따라 보호를 받는 저작물입니다. 무단 전재와 복제를 금합니다.
- 이 책 내용의 전부 또는 일부를 사용하려면 반드시 저작권자와 도서출판 쏭북스의 동의를 받아야 합니다.
- 잘못된 책은 구입하신 서점에서 교환해 드립니다.
- 도서출판 쏭북스는 주식회사 시그니처의 브랜드입니다.
- 도서출판 쏭북스의 문을 두드려 주세요. 그 어떤 생각이라도 환영합니다.